왜 존 왕은 마그나 카르타를 승인했을까?

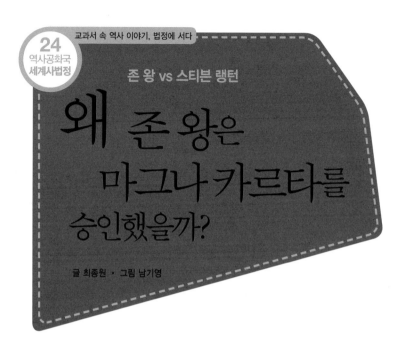

24
역사공화국
세계사법정

교과서 속 역사 이야기, 법정에 서다

존 왕 vs 스티븐 랭턴

왜 존 왕은 마그나 카르타를 승인했을까?

글 최종원 · 그림 남기영

㈜자음과모음

'대헌장'으로도 널리 알려진 '마그나 카르타(Magna Carta Liberta-tum)'는 1215년 6월 15일 잉글랜드 템스 강변 러니미드 평원에서 당시 잉글랜드 통치자이던 존 왕과 성직자 및 귀족 대표들 사이에 체결된 문서입니다. 마그나 카르타는 자유의 대헌장, 최초의 성문법, 민주주의의 주춧돌, 자유의 원천, 영국 헌법의 성서, 미국 헌법의 기초 등 역사에 유례 없는 찬사를 받았습니다. 1939년 뉴욕 세계 박람회에 마그나 카르타가 전시되었을 때, 한 신문은 "영어권 세계가 오늘날 향유하고 있는 모든 자유의 원천"이라고 표현했습니다. 당시 6개월 동안 1000만 명이 넘는 관람객이 마그나 카르타를 보기 위해 다녀갔다고 합니다. 한편, 영국의 법률가 데닝은 마그나 카르타를 "전 시대를 통틀어 가장 헌법적인 문서이자 폭군의 권력에 대하여 자유를 수호하는 근간"이라고 불렀습니다.

자기 나라의 역사니 이렇게 표현하는 것이 이해는 됩니다만, 역사적 맥락을 살펴보면 오늘날 마그나 카르타의 위치는 논쟁의 여지가 있습니다. 실제 역사에서 마그나 카르타는 13세기 왕권에 대항하는 반란군의 요구로 체결된 문서지요. 마그나 카르타는 수백 년 동안 역사의 망각 속에 잠들어 있다가, 17세기 잉글랜드 내전 시기에 에드워드 코크에 의하여 새롭게 발굴되고 재해석됩니다.

그 후 미국 독립 전쟁과 건국 과정에서 그 위상이 한없이 높아지게 되지요. 문서 자체만 보면 마그나 카르타는 그 시대 서유럽에서 만들어졌던 유사한 내용을 담은 문서들 중의 하나일 뿐입니다. 다시 말해 마그나 카르타는 영국과 미국 등 영어권 국가를 제외하면 그렇게 특별한 평가를 받는 문서가 아니라는 것입니다. 그래서 마그나 카르타를 다룬 대부분의 연구서들은 "영어권 국가에서"라는 수식어를 넣는 것을 잊지 않습니다.

63개조로 이루어진 이 문서에서는, 교회의 자유 및 자유민의 권리를 법적으로 보장하고 국왕의 통치가 법에 의해 이루어지도록 정하고 있습니다. 협정 체결 이후 잉글랜드 전역에 배포되었던 것들 중에서 현재 4부가 남아, 링컨 대성당, 솔즈베리 대성당에 1부씩, 그리고 영국 왕립 도서관에 2부가 보존되어 있습니다.

이 책은 마그나 카르타 체결을 둘러싼 존 왕과 귀족 세력 간의 논쟁을 다루고 있습니다. 존 왕이 자신의 명예 회복을 위하여 마그나 카르타 서명자의 대표였던 스티븐 랭턴 대주교를 세계사법정에 명예 훼손죄로 고소하지요. 당시 문서는 반란군의 강압에 의해 체결된 불법 문서이며, 교황조차 문서의 불법성을 인정하였다는 거예요. 존 왕은 이런 명백한 반란 사건을 역사가 왜곡해서 기록하고 있다고 주장합니다. 그 때문에 자신이 역사에서 괴물 같은 모습으로 희화화되어 버렸다고 화가 잔뜩 났어요. 이런 주장에 대해 스티븐 랭턴 대주교를 비롯한 귀족들은 어떻게 대응할까요?

우리의 역사 이해와 인식은 상당 부분 주어지는 것 그대로 수동적으로 수용하면서 형성되기 쉽습니다. 하지만 상충되는 관점을 정확히 이해하고 그 속에서 우리가 내려야 할 바른 판단을 찾아 나가는 것이야말로 역사 탐구라고 할 수 있어요. 이 재판을 지켜보면서 정당한 역사적 평가란 무엇인지 나름대로 고민하는 기회가 되기를 바랍니다.

최종원

차례

재판 첫째 날 존 왕은 잉글랜드 역사상 가장
악한 왕이었을까?

농업 생산력이 증대되어 시장이 생기
자 자연스럽게 중세의 도시가 발생하
게 되었다. 도시는 처음에는 국왕이
나 영주의 지배를 받았지만, 점차 자
치권을 획득하게 되었다.

중학교	역사	VIII. 다양한 문화권의 형성 4. 유럽 세계의 형성과 발전 (3) 변화의 물결 속에 르네상스가 시작되다

1215년 봉건 귀족의 압력을 받아
국왕이 승인한 것이 바로 대헌장
이다. 최초로 국민의 권리를 보증
한 것으로, 영국 입헌 정치의 출
발점으로 인정받고 있다.

중세 도시의 자치권도 도시마다 국가 권력과의 관계에서 차이가 컸다. 독일이나 이탈리아처럼 국가 권력이 약하거나 해체된 경우에는 도시 자체가 하나의 국가로서의 위상을 가졌지만, 프랑스처럼 왕권이 강화된 곳에서는 도시의 자치가 약화하기도 하였다.

고등학교

세계사

Ⅳ. 지역 경제의 성장과 교류의 확대
3. 중세 유럽 세계의 성장과 쇠퇴
(2) 중세 도시와 길드 체제

1077년	카노사의 굴욕
1090년	나침반 사용
1096년	제1차 십자군 원정(~1099)
1115년	여진족, 금 건국(~1234)
1122년	보름스 협약
1127년	북송 멸망, 남송 건국(~1279)
1187년	이집트 술탄 살라딘, 예루살렘 탈환
1191년	이슬람교도 인도 북방 침입
1192년	일본, 가마쿠라 바쿠후 성립(~1333)
1204년	제4차 십자군, 콘스탄티노플 약탈
1206년	몽골, 칭기즈 칸의 권력 장악
1215년	잉글랜드, 존 왕의 대헌장 승인
1223년	몽골, 러시아 침공
1226년	프로이센에 독일 기사단 창단
1241년	신성 로마 제국, 한자 동맹 성립
1254년	독일, 대공위 시대 시작(~1273)
1259년	한자 동맹 흥기
1265년	영국, 의회 시작

1076년	고려, 전시과 개정, 관제 개혁
1101년	주전도감 설치
1102년	해동통보 주조
1107년	윤관의 여진 정벌
1126년	이자겸의 난
1135년	묘청의 서경 천도 운동
1145년	김부식, 『삼국사기』 편찬
1170년	무신 정변
1179년	경대승, 도방 정치
1196년	최충헌 집권
1198년	만적의 난
1219년	몽골과 통교
1231년	몽골의 제1차 침입
1232년	강화 천도
1234년	금속 활자로 『상정고금예문』 간행
1236년	팔만대장경 제작(~1251)
1258년	최씨 무신 정권 붕괴

원고 존 왕 (1167년~1216년)

나는 친형인 사자심왕 리처드 1세의 뒤를 이어 잉글
랜드의 국왕이 되었어요. 사람들은 내가 선왕으로부
터 물려받은 프랑스 내의 땅을 지키지 못했다고 실지
왕이라고 부르지요. 내가 마그나 카르타를 승인한 것
은 귀족들의 강요 때문이었어요.

원고 측 변호사 김딴지

나는 역사는 늘 새로운 시각으로 보아야 한다고 믿는
사람입니다. 그래서 역사 속의 패자들의 입장도 살펴
보아야 한다고 주장하지요.

원고 측 증인 인노켄티우스 3세

1198년부터 1216년까지 재위한 교황이 바로 나요.
나는 탁월한 행정가로서 서유럽에서 황제, 왕과 왕비
들을 다스렸으며, 1215년에는 제4차 라테란 공의회
를 소집하여 교회 직제를 확립하는 등 교황권의 전성
기를 성취하였지요.

원고 측 증인 최역사 (가상 인물)

나는 역사를 바로 알리고자 애쓰는 역사학자입니다. 역
사를 객관적으로 해석하기 위해 늘 노력하고 있지요. 이
번 재판에서는 잉글랜드의 존 왕과 그를 둘러싼 흥미로
운 역사 이야기를 생생하게 증언할 생각입니다.

원고 측 증인 윌리엄 마셜 백작

나는 12~13세기의 기사도의 전형을 나타내는 기사
로 유명하며 펨브로크의 첫 번째 백작으로 알려져 있
어요. 캔터베리 대주교 스티븐 랭턴은 나에 대해 '누
구보다 위대했던 기사'라고 평했답니다.

피고 스티븐 랭턴 (1150년~1228년)

나는 파리 대학 교수 출신으로 1207년부터 잉글랜드 캔터베리 대주교를 지냈습니다. 잉글랜드의 존 왕과 귀족들이 대립하는 와중에 마그나 카르타를 초안한 것으로 유명합니다.

피고 측 변호사 이대로

역사공화국의 이름난 변호사 이대로입니다. 기존의 역사적 평가는 다 이유가 있다는 확신을 가지고 있으며, 역사적 진실은 쉽게 변하는 것이 아니라고 생각 하지요.

피고 측 증인 리처드 1세

나는 헨리 2세의 뒤를 이어 잉글랜드의 왕이 되었으며, 생애 대부분을 십자군 전쟁터에서 보냈어요. 나의 용맹함으로 인해 '사자심왕'이라는 별명을 얻게 되었고, 중세 기사 이야기의 전형적인 영웅으로 동경의 대상이 되었지요.

피고 측 증인 필리프 2세

나는 강력한 왕권을 확립하고 국가 체제를 정비하여 프랑스 국력을 크게 강화시켰어요. 프랑스 국왕으로서는 최초로 위대한 왕이라고 평가되어 '존엄왕'이라는 별명을 가지고 있지요.

판사 명판결

역사공화국 세계사법정의 명판결 판사입니다. 역사적 사건에 대해 편견이나 선입견 없이, 제시된 증언과 근거 자료들을 가지고 공정한 판결을 내리고자 늘 노력한답니다.

"마그나 카르타는 반란군의 문서일 뿐이오"

역사공화국에서는 과거의 인물들이 활발히 활동하고 있다. 이들 가운데 어떤 이는 자신에 대한 역사적 평가에 대단한 자부심과 자긍심을 지니고 살아가는 반면, 자신이 역사 속에서 오해를 받고 있다며 한없는 분노와 응어리를 안고 있는 이들도 있다.

역사공화국 세계사법정은 바로 이런 인물들을 위해서 있다. 공소시효도 없고, 언제든 새로운 증거가 발견되면 소송을 제기할 수 있다. 왜냐고? 억울함을 풀어 주는 것이 바로 역사와 법이 할 일이라고 믿기 때문이다. 실질적인 보상을 요구하는 것이 아니라 명예 회복을 하고자 소송하는 것이다. 사나 죽으나 사람에게 가장 중요한 것은 명예인 것 같다.

김딴지 변호사는 이곳에서 잘 알려진 역사 전문 변호사이다. 억울함을 안고 살아가는 역사 속의 많은 인물들이 김 변호사를 찾아온다. 사실 역사 전문 변호사라고 하기에는 무색한 면이 없지 않다. 널리 알려져 있는 역사를 뒤집어 승소한 경우가 손가락에 꼽을 정도이니까.

왜 이런 일을 하는지 가족이나 동료들조차 잘 이해하지 못하지만, 김딴지 변호사는 나름대로 사명감을 갖고 있다. 승패 여부와 관계없이, 역사에 대한 다양한 관점을 사람들에게 제시해 주는 것 자체가 의미 있다고 믿기 때문이다.

그런데 요 며칠 김 변호사는 정말 혼란스러웠다. 변호사 생활 처음으로 이번 사건을 맡아야 할지 말아야 할지 고민에 고민을 거듭했다. 그 이유는, 오늘 사무실을 방문하기로 한 의뢰인이 잉글랜드의 존 왕이었기 때문이다.

존 왕, 그가 누구던가? 잉글랜드 역사상 최악의 왕, 국토를 절반 이상 빼앗긴 왕, 마그나 카르타를 승인한 왕, 영화 〈로빈 후드〉의 그 악당. 어린아이들조차 디즈니 만화를 보고 존 왕이 폭군이라는 것을 안다. 자칫 이 사건을 맡았다가는 사람들의 비난이 빗발칠 것 같았다.

김딴지 변호사는 존 왕을 잘 설득해서 돌려보낼 셈이었다. 그때 마침 사무실로 화려한 옷을 걸친 존 왕이 들어왔다. 고집스레 보이는 눈매에서 그 됨됨이가 짐작이 갔다.

김딴지 변호사가 좀 삐딱하게 물었다.

"존 왕 전하께서 무슨 억울한 일이 있으셔서 이런 누추한 곳으로다 오셨습니까?"

존 왕은 김딴지 변호사의 말을 듣고 버럭 화를 냈다.

"이보시오, 당신은 변호사로서 어떻게 그렇게 얘기할 수 있단 말이오? 당신이 내 속사정을 알기나 한단 말이오? 난 김 변호사가 역사의 약자 편에 서서 애쓰는 사람이라 해서 기대를 하고 왔더니만, 영 소문하고 틀리구먼."

예상치 못한 반응에 김딴지 변호사는 살짝 당황스러웠다.

"아이고, 전하, 고정하십시오. 솔직히 크게 억울하실 일은 없으실 것 같아서요."

"김 변호사, 없는 사실을 만들어 달라고 내가 당신을 찾아온 것이 아니오. 과거의 일에 대해 무조건 항변하려는 것도 아니고요. 다만 나는 내가 잘못한 만큼만 비난받았으면 하는 겁니다."

"무슨 말씀이신지 좀 자세히 해 주시겠습니까?"

존 왕은 잠시 한숨을 돌린 뒤 이야기를 이어 갔다.

"난 말이오, 진정으로 잉글랜드를 사랑한 잉글랜드의 왕이었소. 김 변호사도 알겠지만, 나의 조상인 윌리엄이 1066년에 프랑스에서 잉글랜드로 건너가 그 지방을 점령하고 다스리기 시작했지요."

"네, 그건 알고 있습니다만."

김딴지 변호사가 흥미를 가지고 듣기 시작했다.

"하지만 그 후 윌리엄 2세, 헨리 1세, 헨리 2세, 리처드 1세에 이르기까지 아무도 잉글랜드에 살지 않았소. 그들은 다 프랑스에서 살았고 무덤도 그곳에 있지요. 잉글랜드에서 살다가 죽어서 잉글랜드에 묻힌 첫 번째 왕이 누군지 아시오? 바로 나요, 나."

왜 존 왕은 마그나 카르타를 승인했을까?

　"그렇지만 전하가 잉글랜드를 다스릴 때 백성들이 얼마나 큰 고
통을 겪었습니까? 영화에도 다 나오는데."

　"이 사람, 생사람 잡지 마시오. 아마 〈로빈 후드〉 얘기인 모양인
데, 로빈 후드는 가상의 인물이란 말이오. 더군다나 원작에는 내가
나오지 않아요. 원래 배경은 내가 살던 시기보다 한참 후이지요. 그
런데 할리우드 영화에서 교묘하게 나를 끼워 넣은 것이오. 어이구,
분통 터져."

　'어, 그런가?' 김딴지 변호사가 짐짓 딴죽을 걸었다.

"그렇다면 마그나 카르타를 승인한 데 대해선 뭐라고 하실 생각입니까?"

"마그나 카르타! 그건 다 반란군들이 만든 무효 문서일 뿐이오. 심지어 교황도 무효라는 것을 확인해 주셨지. 그런데 아무도 몰라요. 관심도 없고. 이런 반란군의 문서를 자유의 대헌장이니 뭐니 떠들어 대니 내가 화가 나지 않겠소? 바로 이런 것들을 법정에서 명명백백하게 밝혀 내 명예를 반드시 회복하고 말 거요."

이 사람, 거침이 없다. 자신의 행위에 전혀 뉘우침도 없다. 하지만 묘하게 궁금함을 자아낸다.

마그나 카르타가 무엇이던가? 김딴지 변호사가 법대에 다닐 때 마그나 카르타는 신성함과 숭고함의 경전 그 자체였다. 그런데 반란자들의 문서라고? 무효라고?

존 왕의 말에는 뭔가 흥미로운 구석이 있었다. 존 왕은 분명 교활하고 노회한 왕으로 보였지만, 그것 역시 편견일 수 있지 않을까?

"좋습니다. 제가 이 사건을 맡겠습니다. 전하와 마그나 카르타에 대한 역사의 재평가를 거치는 건 소송의 결과를 떠나 의미 있는 일이라고 판단되니까요. 그것 역시 제 업무의 일부이고요."

존 왕의 표정에 진심으로 감사함이 묻어났다.

"고맙소. 정말 어려운 부탁을 들어주었소."

"하하. 이제 제가 전하 못지않은 공공의 적이 될지도 모르겠습니다. 잘못하면 앞으로 이 업계에서 퇴출될지도요. 그렇지만 한번 끝까지 가 보죠."

마그나 카르타를 승인한 존 왕

노르만의 정복으로 성립된 영국의 왕권은 다른 나라보다 비교적 강한 편이었습니다. 하지만 13세기 초 존 왕이 나라 안팎에서 실정을 거듭하자, 이 또한 크게 타격을 받게 되지요.

영국 헨리 2세의 막내아들로 태어난 존 왕은 영토를 그의 세 형들이 나누어 차지하고 있었기 때문에 땅이 없었습니다. 존 왕은 형인 리처드 1세의 뒤를 이어 왕위에 올랐지만, 프랑스 왕 필리프 2세는 리처드 1세의 아들 아서가 왕위 계승자라고 주장하지요. 결국 필리프 2세와 전쟁을 벌이게 됩니다. 하지만 이 전쟁에서 패함으로써 프랑스 안에 있던 영국 영토의 대부분을 빼앗기게 되지요. 그래서 '실지왕'이란 별명을 얻게 됩니다. 엎친 데 덮친 격으로, 전쟁 비용을 마련하고자 조세를 대폭 올리지만, 이 일로 귀족들과 크게 대립하게 되고 교회와도 맞서게 됩니다.

이어 교황과 싸워 파문당하고, 1215년에는 귀족과 런던 시민들로부터 마그나 카르타의 승인을 강요받는 처지에 놓이게 됩니다. 1215년 6월 15일, 영국 역사상 가장 못난 왕으로 꼽히는 존 왕은 귀족들의 대표와 백성들이 지켜보는 가운데 마그나 카르타 즉 대헌장을 승인합니다.

사실상 항복 선언이라고도 할 수 있는데, 이 내용의 핵심은 왕이라고 해서 마음대로 권력을 행사할 수 없다는 것입니다. 특히 세금에 있어서 동의 없이 조세권을 발동할 수 없고, 재판 없이 백성을 임의로 체포하고 처벌할 수 없다는 등의 내용을 담고 있지요. 왕의 입장에서 보면 지금까지 절대적으로 누리던 권력이 크게 제한당하게 되는 굴욕적인 내용이었습니다.

이렇게 왕권 포기 및 법적 절차 존중을 주 내용으로 한 마그나 카르타는 엄밀한 의미로 보면 인권 선언은 아닙니다. 다만 후대에 민주적 요소로 해석됨으로써 영국 민주주의의 시발점이 되었지요. 1948년 국제 연합이 세계 인권 선언을 채택했을 때 공저자인 루스벨트가 이를 두고 '모든 인류의 마그나 카르타'라고 부르는 등, 마그나 카르타는 근대 헌법의 효시임과 동시에 민주주의의 씨앗이 담겨 있다고 평가되기 때문입니다. 그래서 1628년의 권리 청원, 1689년의 권리 장전과 함께 영국 헌법의 3대 성서로 불립니다.

| 원고 | 존 왕 | 대리인 | 김딴지 변호사 |
| 피고 | 스티븐 랭턴 | 대리인 | 이대로 변호사 |

청구 내용

나 존은 잉글랜드 국왕으로 재위하면서 대대로 이어 온 왕권을 지키고 강화하고자 노력했지만, 명령을 따르지 않는 귀족과 주교들을 포함한 봉신들로 인해 정신적·신체적으로 많은 고통을 받았습니다.

내 선조인 노르망디 공 윌리엄이 1066년에 도버 해협을 건너 잉글랜드를 정복한 후 아버지인 헨리 2세 시대에 이르기까지, 브리타니아(그레이트브리튼 섬, 영국을 이루는 큰 섬)는 하루도 평온한 날이 없었습니다. 잉글랜드는 가까이로는 스코틀랜드, 아일랜드, 웨일스와 경쟁했고, 바다 건너 프랑스와 로마의 교황으로부터는 자주권을 지키고 번영을 이루어야 했지요. 나를 모함하고 비난하는 자들은 나를 실지왕, 물검이라고 몰아붙이지만, 문제의 핵심은 다른 데 있습니다. 바로 자신들의 이익만을 좇았던 귀족과, 잉글랜드의 국익보다는 교황의 편에 붙어 살길을 도모했던 성직자들에게 모든 책임이 있습니다.

젊은 시절 난 군사 전략에 미숙해서 대륙 본토에 있던 영지를 잃었습니다. 그리고 일생 동안 그 땅을 되찾고자 절치부심했지요. 마침내 신의 도우심으로 나는 그 절호의 기회를 맞이하게 되었어요. 1213년에 나의 충성스런 잉글랜드 군대가 프랑스 함대를 완전히 궤멸시킨 겁니다. 이제는 잃어버린 땅을 향해 나가기만 하면 되었습니다. 하지만 북부인들이라고 불리는 귀족들이 응하지 않았습니다. 결국 나는 아무런 지원을 받지 못하고 또다시 쓰디쓴 실패를 맛보게 되었습니다. 이는 모두 봉신으로서의 의무를 저버린 귀족들 탓입니다. 그 시간에 그들은 나를 왕위에서 몰아낼 모의를 꾸미고 있었던 것입니다.

이 반역의 무리가 내게 굴욕적인 문서에 날인하기를 강요했습니다. 내가 이 문서에 날인했을 때에도, 그리고 날인한 후에도, 추호의 의심 없이 이 문서는 합법적이지 않습니다. 이에 대해선 교황 인노켄티우스 3세도 이 문서가 무효라고 선언하였습니다.

그런데 이러한 문서가 자유의 대헌장이라니요? 내가 이제 와서 원하는 것이 무엇이겠습니까? 나는 역사의 진실을 원합니다. 또한 뻔뻔한 반역의 폭도들이 내게 사과하고 나의 명예가 회복되기를 원합니다.

입증 자료

- 중학교 역사 교과서
- 고등학교 세계사 교과서
  그 외 자료 추후 제출하겠음.

위 청구인 존 왕
역사공화국 세계사법정 귀중

존 왕은 잉글랜드 역사상
가장 악한 왕이었을까?

1. 당시 잉글랜드와 프랑스는 어떤 관계였나?
2. 존 왕은 희대의 배신자인가 아니면 시대의 희생자인가?
3. 존 왕은 어떻게 실지왕이 되었을까?

교과연계

역사
VIII. 다양한 문화권의 형성
  4. 유럽 세계의 형성과 발전
    (3) 변화의 물결 속에 르네상스가 시작되다

1

당시 잉글랜드와 프랑스는 어떤 관계였나?

법정 안이 술렁거렸다.

"뭐, 존 왕이 소송을 제기했다고? 마그나 카르타가 무효라고?"

"누가 존 왕 아니랄까 봐. 무슨 염치로 소송을 제기했대?"

"소장을 보니 역시 부끄러움이라고는 모르는 사람이야."

법정 경위가 소란스런 방청석을 정돈하는 동안 판사가 들어와 자리에 앉았다. 판사는 이번 재판의 무게를 감지한 듯 길게 심호흡을 한 번 하였다.

판사 이번 사건의 재판을 맡은 판사 명판결입니다. 원고 존 왕의 명예 훼손 소송에 관한 재판을 시작하겠습니다. 먼저 원고 측 변호인이 사건에 대해 간단히 설명해 주세요.

왜 존 왕은 마그나 카르타를 승인했을까?

김딴지 변호사　　오늘 저는 참으로 복잡한 심경으로 이 자리에 섰습니다. 저는 소장에 나와 있는 대로 잉글랜드의 존 왕의 명예 훼손 소송을 제기하고자 합니다.

　원고인 존 왕은 정당하게 잉글랜드 왕위에 오른 통치자였지만, 일생 동안 비협조적인 귀족과 주교들로 인해 정신적으로 고통을 겪었습니다. 잉글랜드 왕에게는 세금 징수권과 군사를 소집할 권한이 부여되어 있습니다. 원고는 대륙에서 잃어버린 잉글랜드 땅을 회복하고자 평생 노력했습니다. 그러나 처음부터 대륙에서 건너온 왕을 탐탁찮아하던 귀족과 성직자들이 조직적으로 원고에 대한 협조를 거부했습니다. 원고는 당시 국제 정세 속에서 잉글랜드의 번영을 위해 애썼지만, 귀족과 성직자들의 비협조로 인해 번번이 좌절해야 했지요. 원고는 자신에게 주어진 권리를 행사하고자 했는데 귀족들이 그것을 방해한 겁니다. ▶심지어 귀족들은 원고에 맞서 반란을 일으킨 후 왕이 목숨에 위협을 느낄 만큼 강압적인 분위기에서 마그나 카르타를 수용하도록 하였습니다.

　이러한 사실에도 불구하고 역사는 원고를 과도하게 비판하고 심지어 희화화해 왔습니다. 따라서 원고는 이 세계사법정에서 이러한 사실을 밝히고 자신의 훼손된 명예를 회복하고자 이 소송을 제기하였습니다.

　김딴지 변호사가 소송 이유를 설명하자 방청석에서 야유가 쏟아졌다.

세금 징수권
국가 또는 지방 공공 단체가 필요한 경비로 사용하기 위하여 국민이나 주민으로부터 강제로 거두어들이는 금전을 세금이라고 하며, 이 세금을 거두어들이는 권리를 세금 징수권이라고 하지요.

교과서에는

▶ 1215년 봉건 귀족의 압력을 받아 어쩔 수 없이 왕이 승인한 것으로 '대헌장'이라고도 부릅니다.

"억지도 유분수지. 존 왕에게 억울하게 희생당한 사람들의 명예는 생각지도 않나?"

판사　그렇다면 원고 측 변호인은 마그나 카르타가 효력이 없다고 주장하는 것입니까?

김딴지 변호사　네, 판사님, 마그나 카르타는 무효입니다.

판사　잘 알겠습니다. 이제 원고의 발언을 들어 보죠. 원고는 먼저 자기소개를 해 주세요.

그러자 왕의 복장을 한 존 왕이 자리에서 일어섰다.

존은 잉글랜드의 왕으로 선대로부터 물려받은 프랑스 지역의 땅들을 거의 다 잃어버린 것으로 유명합니다.

존 왕　나는 잉글랜드 왕이었던 존이오. 땅을 잃어버렸다고 실지왕이라 불리기도 하지요. 치욕스런 마그나 카르타 사건으로 역사적으로 유명해져 버렸어요. 바로 그 마그나 카르타를 강요한 저 스티븐 랭턴을 이번에 명예 훼손 혐의로 고소했지요. 나는 늘 잉글랜드를 위해 살고 노력했던 왕이라고 자부합니다. 그런 나를 못되고 무능력한 왕으로 역사에 남게 한 자를 이 세계사법정에서 **단죄**해 주리라 믿습니다. 잉글랜드를 향한 나의 사랑과 수고가 정당한 평가를 받게 되었으면 해요.

이대로 변호사   판사님, 저는 원고의 진술을 듣고 기가 차서 말이 나오지 않습니다. 제가 이 자리에 함께 있다는 것이 부끄러울 정도입니다. 저런 뻔뻔한 사람의 얘기를 듣기 위해 재판을 진행하는 것은 시간 낭비, 돈 낭비라고 생각합니다.

판사   피고 측 변호인은 진정하세요. 변론할 기회를 충분히 드리겠습니다. 먼저 원고 측에서 신청한 최역사 교수를 증인으로 불러 몇 가지 묻겠습니다. 증인은 나와서 선서해 주세요.

　　최역사가 천천히 증인석으로 나와 선서를 했다.

노르만 민족

노르만 또는 노르만 족은 중세 시대 스칸디나비아에서부터 유래하여 프랑스 북부 지역에 살던 민족을 말합니다.

최역사　　역사학자 최역사입니다. 제가 아는 대로 자세하고 정확하게 진실만을 말하겠습니다. 그리고 거짓을 말하면 처벌을 받겠습니다.

판사　　제가 먼저 묻겠습니다. 당시 잉글랜드 왕조가 프랑스에서 건너왔다고 했는데, 이 부분에 대해 설명해 주시겠습니까?

최역사　　네. 1066년에 그 유명한 헤이스팅스 전투에서 노르망디 공인 정복자 윌리엄이 브리타니아의 마지막 왕인 해럴드 2세를 격퇴한 뒤 대륙에서 건너가 잉글랜드를 다스렸어요. 이들은 **노르만 민족** 이동 때 북유럽에서 내려와 프랑스 노르망디 지역에 거주하던 왕조이지요. 그렇다 보니 이 대륙의 왕조와 본토 귀족들 사이에 갈등이 생길 수밖에 없었지요. 12세기 초반에 헨리 1세가 죽은 후 왕위 계승을 놓고 내란이 발생해 나라가 폐허가 되어 버립니다. 다들 짐작하시겠지만, 그 당시는 오늘날처럼 안전한 국가 체제를 갖추고 있지 못했기 때문에 걸핏하면 이런 혼란이 벌어졌어요.

이 혼란을 끝내고 새로 왕위에 오른 사람이 헨리 2세입니다. 헨리 2세는 앙주 가문 출신으로서 플랜태저넷 왕조를 세우지요.

판사　　앙주라고 하면 프랑스 땅인데, 그렇다면 헨리 2세는 프랑스 어를

헤이스팅스 전투에서 해럴드 왕이 전사하는 모습

쓰는 프랑스 인이라는 말씀인가요?

최역사　그렇다고 볼 수 있지만, 더 정확하게 말하면 프랑스와 잉글랜드의 피가 섞였다고 봐야 합니다. 헨리 2세가 왕이 된 내력은 아주 복잡해요. 헨리의 아버지는 제프리 플랜태저넷으로 앙주의 백작이고, 어머니는 정복자 윌리엄의 친손녀이자 잉글랜드 왕 헨리 1세의 딸인 마틸다입니다. 마틸다는 본래 신성 로마 제국 황제와 결혼하였는데 남편이 죽은 후 미망인이 되었어요. 잉글랜드의 헨리 1세는 후계자 윌리엄이 사고로 죽자 마틸다를 후계자로 지명합니다. 하지만 여자란 이유로 많은 신하들이 반대하지

잉글랜드 최초의 여성 통치자 마틸다

요. 앙주 백작 제프리와 재혼한 마틸다는, 헨리 1세가 죽은 후 잉글랜드의 여왕이 됩니다. 잉글랜드 법에서는 여왕이 가능했거든요.

　그런데 문제가 생겼습니다. 노르만 법이나 프랑스 법에서는 남자만 왕위 계승권을 갖거든요. 마틸다가 여자라는 이유로 결국 왕위 계승권은 마틸다가 아닌 사촌 스티븐에게로 넘어가 버립니다. 마틸다는 왕위에 오른 지 208일 만에 왕관 한번 제대로 써 보지 못하고 스티븐에게 왕위를 넘겨주게 되지요.

　그런데 마틸다가 보통 여인이 아니었습니다. 마틸다는 스티븐 왕에게 왕위를 넘겨주는 조건으로 담판을 짓지요. 스티븐의 후계자로 마틸다의 아들 헨리 2세를 지명하라는 것이었고, 양측은 합의합니다. 그 후 스티븐이 사망할 때까지 19년 동안 잉글랜드는 내전으

로 큰 홍역을 겪습니다. 그리고 스티븐 사후에 비로소 마틸다의 아들 헨리 2세가 스물한 살의 나이로 잉글랜드 왕위에 오르게 됩니다. 잉글랜드 역사상 최초로 프랑스 피를 이어받은 왕이 탄생한 거지요. 앙주 가 출신의 헨리 2세가 잉글랜드에서 시작한 왕조를 아버지 제프리 플랜태저넷의 이름을 따서 플랜태저넷 왕조라고 부릅니다.

판사　　아이고, 내용이 간단하지 않군요.

최역사　　그렇습니다. 그런데 플랜태저넷 하면 이름도 발음하기 어렵고 낯선 감이 있지만, 실상 플랜태저넷 가문은 우리에게 상당히

낯익은 점이 있어요. 우리는 잉글랜드 축구 대표 팀을 삼 사자 군단이라고 부르고 대표 팀 유니폼에 사자 세 마리 가 그려져 있는 것을 기억하지요? 바로 이 세 마리 사자 문 양이 앙주 가문의 **문장(紋章)**이랍니다. 오늘날 잉글랜드에 박힌 프랑스의 뿌리를 엿볼 수 있게 하는 대목이지요.

문장
국가나 단체 또는 집안 따위를 나타내기 위하여 사용하는 상징 적인 것으로, 도안한 그림이나 문자로 되어 있습니다.

판사 오늘날 프랑스 축구팀과 영국 축구팀이 서로 맞수인데, 정 작 잉글랜드 축구 대표 팀을 상징하는 삼사자 문장이 프랑스 것이라 고 하니 아이러니하군요.

최역사 그렇습니다. 하지만 그런 점을 민감하게 받아들일 필요는 없습니다. 물론 당시 봉건제하에서 프랑스 영토 내의 노르망디나 앙 주 지역은 프랑스 왕의 봉토였습니다. 그러나 이는 다르게 표현하 면, 잉글랜드 영토가 오늘날처럼 브리타니아에 국한된 것이 아니라 대륙까지 넓게 퍼져 있었다는 것이지요. 당시 잉글랜드 영토를 합치 면 프랑스보다 더 컸습니다.

프랑스 왕조의 영향으로 잉글랜드 왕족들은 프랑스 어를 썼지요. 15세기까지도 잉글랜드의 법률 문서 대부분이 프랑스 어로 되어 있 었습니다.

판사 원고 측 변호인은 증인 신문하셔도 좋습니다.

김딴지 변호사 증인, 그렇다면 두 나라가 오늘날처럼 완전히 갈라 진 건 언제부터인가요?

최역사 두 나라 간에 민족 의식이 싹터 으르렁거리게 된 결정적 계기는 ▶14~15세기에 벌어졌던 백 년 전쟁이라고 흔히 얘기합니다. 그 전에는 사정이 달랐지요.

김딴지 변호사   증인의 자세한 설명 잘 들었습니다. 그러니까 헨리 2세의 어머니인 마틸다가 신성 로마 제국 황제의 아내였다가 앙주 백작 제프리와 재혼했군요?

최역사   네, 그렇습니다.

김딴지 변호사   그렇다면 당시 유럽에서는 왕위 계승의 갈등뿐 아니라 지배 계급 사이의 정략결혼과 이혼도 빈번했다고 볼 수 있겠군요?

최역사   네. 우리의 상상을 뛰어넘는 황당한 일들도 많이 일어났지요.

김딴지 변호사   혹시 몇 가지 소개해 주실 수 있을까요?

이대로 변호사   판사님, 이의 있습니다. 이 법정은 역사 강의실이 아닙니다. 원고 측 변호인은 지금 이 사건과 관계없는 질문으로 시간을 낭비하고 있습니다.

김딴지 변호사   저는 원고가 살던 시대를 이해하려면 현재의 시각이 아니라 그 당시의 일반적 상황에서 살피는 것이 대단히 중요하다고 봅니다. 그래야 원고가 살던 당시의 정치 지형도와 원고가 취해야 했던 선택을 편견 없이 볼 수 있다고 생각합니다.

판사   피고 측 변호인의 이의 신청을 기각합니다. 증인은 답변해도 좋습니다.

최역사   네. 우선 존 왕의 어머니인 아키텐의 엘리노어도 유사한 경우입니다. 엘리노어는 본래 프랑스 왕 루이 7

교과서에는

▶ 백 년 전쟁은 프랑스 내의 영국령의 문제와 플랑드르 모직물 공업에 대한 지배권을 둘러싸고 일어난 전쟁으로 일종의 이권 다툼이라고 할 수 있습니다. 전쟁이 계속되면서 민족의식이 싹트게 되고, 국가에 대한 애국심을 고무하는 전쟁으로 변하게 되지요.

세와 결혼해 14년 동안 두 명의 딸을 두었습니다. 루이 7세는 자신에게 필요한 아들을 엘리노어가 낳아 주지 못할 것으로 판단하고 1152년에 이혼합니다. 그러자 엘리노어는 이혼 8주 만에 노르망디 공작과 결혼하지요. 이 사람이 2년 후에 잉글랜드 왕 헨리 2세로 즉위하지요. 결혼과 이혼은 개인의 문제로 끝나지 않습니다. 상속권 등 복잡한 문제가 따르지요. 잉글랜드 국왕 입장에서는 마틸다와 엘리노어 두 여인의 이혼과 결혼 덕분에 엄청난 영토를 소유하게 되지요.

판사　좀 복잡한데 단순하게 정리해 주세요.

최역사　네, 판사님. 존 왕의 아버지인 헨리 2세를 기준으로 말씀드리겠습니다. 헨리 2세는 자신의 어머니 마틸다를 통해 노르망디 공국을 물려받습니다. 아버지로부터는 앙주 지방을 물려받고요. 헨리 2세가 결혼한 아내 엘리노어는 전남편인 루이 7세에게서 **아키텐**을 빼앗아 헨리 2세와 결혼할 때 가지고 옵니다. 이혼과 결혼으로 하룻밤 사이에 프랑스의 정치 지형이 바뀌어 버린 것이지요. 명목상으로 헨리 2세는 프랑스 왕의 하급자가 되었지만, 실제로는 유럽에서 가장 넓은 지역을 통치하는 왕이 된 것입니다.

김딴지 변호사　이것이 바로 원고가 어려서부터 겪어 온 왕가의 현실입니다. 바로 이 자리에 앉아 있는 원고는 할머니 마틸다, 아버지 헨리 2세, 어머니 엘리노어, 그리고 세 형들을 통해 권력의 비정함을 누구보다 많이 경험하게 되지요.

이대로 변호사　그렇다고 그것이 본인의 삶에 면죄부가 되는 것은

> **아키텐**
> 프랑스의 남서부 지방으로, 프랑스 전체 면적의 7.6%를 차지합니다.

아니지 않습니까? 원고 측 변호인의 말이 꼭 불우한 가정환경에서
자랐기 때문에 불량 청소년이 된 것을 이해해야 한다는 투로 들리는
군요. 그래서 원고는 할머니와 어머니가 불려 놓은 땅을 몽땅 빼앗
기고, 그것도 부족해 형을 배반하고 아버지를 배반하였습니까?

김딴지 변호사　　　비꼬지 마세요. 저는 원고가 살던 시대를 있는 그대
로 한번 살펴보자는 것입니다. 21세기 도덕률의 잣대로 13세기를 재
단하는 것은 바람직하지 않을뿐더러 역사 이해에 심각한 왜곡을 가
져올 수 있다고 생각합니다. 제가 판단하기에 원고가 비난받는 이유

는 대부분 왜 아버지인 헨리 2세와 어머니인 아키텐의 엘리노어가 확보해 놓은 영토를 원고가 상실했느냐 하는 것인데, 실제로는 여기에 모순이 있습니다.

존 왕 정말 그렇습니다. 김 변호사께서 제 속을 시원하게 들여다보시네요. 바로 제가 하고 싶던 얘기입니다. 오늘날 영국 사람들은 제가 대륙에 있던 땅을 다 잃어버린 무능한 왕이라고 비난합니다. 하지만 당시 잉글랜드 귀족들은 그런 것에 조금도 관심이 없었어요. 내가 그렇게 땅을 되찾기 위해 노력할 때에 누구 하나 시원하게 협조해 준 사람이 없었다니까요. 그런데 이제 와서는 나만 원망합니까?

이대로 변호사 말이 되는 소리를 하세요. 지금 누가 누구를 탓하는 겁니까? 머리를 숙이고 자숙해도 모자라는 판에 무슨 궤변을 자꾸 늘어놓습니까?

판사 피고 측 변호인은 흥분하지 마세요. 곧 원고를 직접 신문할 기회를 드리겠습니다. 증인은 이제 돌아가셔도 좋습니다. 수고하셨습니다.

2

존 왕은 희대의 배신자인가
아니면 시대의 희생자인가?

판사　피고 측 변호인은 원고에게 질문하세요.

이대로 변호사　판사님, 감사합니다. 저는 이제 원고가 얼마나 비정하고 야비한 사람인지 한번 파헤쳐 보고자 합니다. 먼저 원고에게 묻겠습니다. 원고는 아버지 헨리 2세를 어떤 왕으로 기억합니까?

존 왕　앞서 최역사 교수의 말씀처럼 제 아버지는 오랫동안 잉글랜드의 왕위에 오를 준비를 해 왔어요. 잉글랜드 내의 왕권과 귀족 사이의 갈등 속에서 여러 제도를 강화하여 왕권을 확대하려고 애쓰셨지요.

이대로 변호사　대표적으로 아버지 헨리 2세의 업적 몇 가지만 말씀해 주시겠습니까?

존 왕　네. 아버지는 중앙 행정 기구를 완비하고 순회 재판 제도를 강화했습니다. 그렇게 함으로써 잉글랜드 곳곳에서 왕에 의한 통치가 이루어지길 바랐던 거죠.

이대로 변호사 혹 헨리 2세는 영어를 할 줄 알았습니까?

존 왕 불행하게도 제 아버지는 영어를 하지 못하셨습니다. 하지만 아버지는 늘 잉글랜드에 대한 애정을 가지고 계셨지요. 아버지는 잉글랜드의 왕인 동시에 최고의 재판관으로 법을 제정하고 집행하는 데 애쓰셨습니다. 아버지는 사람들의 말을 경청하고 귀족과 평민 모두에게 공평한 법을 만들기 위해 일생 동안 노력하셨어요.

이대로 변호사 헨리 2세는 선왕 스티븐 시대의 내전을 겪으면서 귀족과의 갈등을 많이 보셨지요? 그에 대해 어떻게 하셨습니까?

존 왕 네, 아버지는 스티븐과 귀족들 간에 자주 갈등이 빚어지는 걸 보셨습니다. 그래서 아버지는 잉글랜드 귀족들을 통제하기 위해 적절한 세금을 부과하였지요.

이대로 변호사 적절하지는 않았지요. 과중한 세금을 부과해 귀족들을 장악하려던 것 아닙니까?

존 왕 그것은 보기 나름이겠지요. 이 변호사님도 생각해 보세요. 대륙에서 건너온 왕조는 아직 약합니다. 브리타니아 본토에 있는 귀족들은 자신들의 이해관계에만 집착해서 왕에게 협조하지 않았어요.

이대로 변호사 북부인들 말씀인가요?

존 왕 그렇습니다. 잉글랜드 북부에 사는 귀족들은 시시콜콜한 문제까지 왕권에 대들었습니다. 이 북부인들이 저를 끝까지 괴롭힌

헨리 2세
1154년부터 1189년까지 잉글랜드 왕국을 다스린 왕으로 플랜태저넷 왕가의 첫 번째 잉글랜드 왕국의 국왕입니다.

반란의 주범들이에요.

이대로 변호사   자료를 보니까 선왕께서는 이런 갈등을 해소하고 나라를 안정시키기 위해 왕립 재판소를 신설하셨더군요. 각 지방의 분쟁을 왕립 재판소 판사들이 해결함으로써 법적 기반 위에서 잉글랜드를 통치하고자 했습니다. 그렇지요?

존 왕   네. 그래서 사람들은 나의 아버지를 잉글랜드 '보통법의 아버지'라고 부르더군요.

이대로 변호사   그처럼 능력 있는 아버지 아래서 어떻게 원고 같은 인물이 나왔는지 심히 안타깝군요.

　　방청석에서 속 시원하게 말 잘했다며 여기저기서 작은 환호가 터져 나왔다.

김딴지 변호사   이의 있습니다. 피고 측 변호인은 사건의 본질과 상관없는 인신공격을 하고 있습니다.

판사   인정합니다. 피고 측 변호인은 주의하세요.

이대로 변호사   판사님, 제가 잠시 흥분했나 봅니다. 저는 앞서 원고와 원고 측 변호인이 당시의 복잡한 정치 상황을 얘기하면서 원고의 행위를 정당화한 궤변을 도저히 수긍할 수 없습니다. 원고의 아버지 헨리 2세를 보십시오. 그는 더 어려운 상황에서 국정을 수행했지만, 법을 만들고 그 법의 기반 위에서 다스리고자 애썼던 사람입니다. 그렇지만 원고는 어떻습니까? 헨리 2세가 평생 심혈을 기울여 만들어 놓은 모든 것을 송두리째 날려 버렸어요.

김딴지 변호사　그건 논리의 비약에 불과합니다. 그렇다면 헨리 2세는 대주교 토머스 베켓을 왜 살해했습니까?

대주교
대교구를 주관하는 직위 또는 그 직위에 있는 사람을 가리키는 말입니다.

이대로 변호사, 한 방 제대로 먹은 듯 충격을 받는다.

이대로 변호사　그, 그건 실제로 헨리 2세가 사주한 것이 아니라 밑의 부하들이 지나치게 앞서 나가 생긴 불행한 사건이지요.

김딴지 변호사　어느 세상에 왕의 뜻 없이 일개 기사들이 감히 백주 대낮에 대주교를 살해할 수 있단 말입니까? 그야말로 논리적으로 납득되지 않습니다.

존 왕　그 비극적인 사건이야말로 잉글랜드가 얼마나 불안정한 시기를 보내고 있었던가를 보여 주지요. 저는 잉글랜드가 발전하기 위해서는 왕권이 강화되어야 한다는 굳은 믿음을 가지고 살았습니다. 귀족들을 제대로 통제하지 않고는 나라 꼴이 말이 아니었기 때문이지요.

이대로 변호사　또 그 궤변이로군요. 원고는 자신의 행위에 대해 조금의 반성의 기미도 보이지 않습니다.

존 왕　아까부터 반성 반성 하시는데, 도대체 내가 무엇을 반성해야 한다는 겁니까? 나 원 참. 왕은 왕의 길이 있는 법이에요.

존 왕은 조금도 물러설 기미를 보이지 않고 반박했다. 이어 김딴지 변호사가 원고에게 물었다.

김딴지 변호사　자, 흥분을 가라앉히세요. 토머스 베킷 대주교 살해 사건을 한번 검토해 보겠습니다. 왜 헨리 2세가 일을 이렇게 처리했다고 보십니까?

존 왕　제 아버지는 왕권 강화를 위해 잉글랜드 교회도 교황의 세력권 아래 놓이기보다는 잉글랜드 국왕 휘하에서 잉글랜드를 위해 활동하기를 바랐습니다. 그 대표적인 예가 바로 대법관이었던 토머스 베킷을 잉글랜드 교회의 가장 높은 직책인 캔터베리 대주교로 임명한 것이지요.

성 토머스 베킷의 순교

김딴지 변호사　그렇다면 왕의 최측근이란 말씀이지요? 왕과 호흡이 잘 맞아 함께 일을 해 나가려고 그랬겠군요.

존 왕　그렇지요. 하지만 토머스 베킷은 제 아버지의 뜻과는 정반대의 길로 갔습니다. 토머스 베킷은 대주교가 되자마자 생각을 바꾸었어요. 그는 철저하게 로마 교황 편에 섰습니다. 사사건건 제 아버지의 정책에 반기를 들었지요.

김딴지 변호사　갈등의 예를 구체적으로 들어 줄 수 있을까요?

존 왕　아버지는 왕의 권력이 교회에서 더 강력하게 힘을 발휘하도록 새로운 법률을 제정했습니다. 잉글랜드의 일반 성직자들은 특권층이었습니다. 그들은 세속에서 범죄를 저질러도 세속 법정에서 재판을 받지 않고 자기들만의 교회 법정에서 재판을 받았지요. 그러니 성직자들이 타락하고 제 배를 불리는 데 열을 올릴 것은 불을 보듯 뻔한 일 아니겠습니까?

김딴지 변호사　그래서 헨리 2세가 취한 방법이 무엇입니까?

존 왕　제 아버지는 잉글랜드 내의 모든 사람이 국가의 법을 따르도록 했어요. 1164년에 잉글랜드 성직자들이 성직자 임명이나 잉글

상소

왕에게 글을 올리던 일, 또는 그 글을 말합니다. 주로 관원이 왕에게 정치적인 일을 간언하기 위하여 올립니다.

랜드 교회 문제를 왕의 허락 없이 교황에게 **상소**하는 것을 금지하는 법을 만들었습니다. 아버지는 또 교회에 측근을 앉혀 잉글랜드 교회를 로마 교황으로부터 독립적으로 운영하려고 애쓰셨어요. 그런데 토머스 베켓이 이러한 정책을 반대하고 철저하게 교회의 이익 편에 섰습니다. 교회의 세력이 강해질수록 국왕이 실제로 행사할 수 있는 권한은 줄어들지요. 이 경우 국왕이라면 어떻게 하겠습니까?

김딴지 변호사　그래서 토머스 베켓을 제거했다는 말씀이시군요.

존 왕　그렇지 않습니다. 제가 직접 아버지께 묻진 않았지만, 아버지는 토머스 베켓과 함께 가고자 했습니다. 눈엣가시였음에도 말이지요. 그런데 그만 부하들이 일을 저질러 버린 것이지요. 제 아버지도 억울하실 겁니다. 수많은 업적은 묻혀 버리고, 사람들은 아버지를 토머스 베켓을 죽인 나쁜 왕 정도로만 생각하니까요. 억울하기 짝이 없는 노릇이지요.

김딴지 변호사　원고도 이러한 일들을 보면서 세상의 비정함을 많이 느꼈겠군요.

존 왕　제 아버지가 토머스 베켓의 일로 사람들에게 비난을 받고는, 그 노구를 이끌고 몸소 캔터베리로 고행하며 순례하는 것을 지켜보며 누구보다 마음이 아팠습니다.

김딴지 변호사　그러한 일들이 원고의 통치 철학에도 영향을 미쳤습니까?

존 왕　그래서 저는 누구의 말도 듣지 않기로 한 거죠. 세상에 믿을 것은 오직 나밖에 없다, 심지어 부모와 형제조차…….

정말 존 왕은 결연해 보였다. 철저하게 자기중심적으로 믿고 판단하는 사람인 것 같았다. 듣고 있던 이대로 변호사가 아니꼽다는 듯 말했다.

이대로 변호사　　바로 그러한 철학이 원고를 희대의 배신자로 낙인 찍히게 했습니다. 본인이 자초한 일이지요.

존 왕　　그것에 대해 사람들이 비난한다면 달게 받겠습니다만, 저는 그런 생각에 추호의 의심도 없었습니다.

이대로 변호사　　역시 그러시군요.

판사님, 원고를 좀 더 신문하도록 허락해 주세요. 이제 원고의 화려한 배신의 세계를 파헤쳐 볼까 합니다. 그런데 이거 완전히 콩가루 집안이군요.

판사　　이대로 변호사, 말씀을 가려서 하세요. 신성한 법정에서 콩가루가 뭡니까, 콩가루가.

이대로 변호사　　판사님, 솔직히 말씀드려 이 표현 외에는 더 적절한 말이 생각나지 않습니다. 원고는 아버지 헨리 2세와 어머니 아키텐의 엘리노어의 네 아들 중 막내이지요?

존 왕　　그렇습니다.

이대로 변호사　　여러 기록에서 원고의 아버지 헨리 2세가 가장 아꼈던 자식이 원고라고 되어 있던데, 맞습니까?

존 왕 네, 맞습니다.

이대로 변호사 원고의 아버지 헨리 2세의 가정사는 참 불행하군요. 1173년, 그러니까 원고가 다섯 살 되던 해에 원고의 맏형인 헨리가 아버지에게 반기를 들었군요.

존 왕 제가 어렸을 적 일이라 기억은 못합니다만, 그렇다고 들었습니다.

이대로 변호사 놀랍게도 헨리가 프랑스의 루이 7세와 동맹을 맺었네요. 루이 7세가 누굽니까? 자기 어머니의 전남편으로 아직도 아키텐 공작령을 잊지 못해 호시탐탐 노리던 이가 아닙니까? 원고는 이때 헨리를 누가 도왔는지 아십니까?

존 왕 다 알면서 왜 굳이 묻습니까? 제 어머니 엘리노어가 맏형 헨리와 손을 잡고 아버지에 대해 반란을 일으켰지요. 그때 어머니는 두 형 리처드와 제프리를 전남편 루이 7세에게 보내 헨리 형님과 손잡게 했습니다.

프랑스 카페 왕조의 왕 루이 7세

이대로 변호사 그 반란의 이유가 무엇이었습니까?

존 왕 사실 저는 정확히는 모르지만, 아버지가 오랫동안 권력을 틀어쥐고 나누어 주지 않자 기다리다 지친 형님들이 반란을 꾀한 것 같습니다.

이대로 변호사 역시 상속 때문에 싸움이 벌어진 것이군요. 그나저나 역사에서 아내가 남편을 배신해서 반란을 일으키는 경우가 흔치 않은데, 참 희귀한 경우네요.

왜 존 왕은 마그나 카르타를 승인했을까?

존 왕　어머니가 아버지의 반대편에 선 이유는 개인적으로 불만이 있었기 때문입니다. 제 어머니는 아버지보다 나이가 열두 살 많았습니다. 나이가 들수록 아버지는 여러 첩들을 거느리면서 어머니에게 소홀하셨지요. 그중 로사먼드 클리퍼드라는 첩이 아버지 마음을 차지하고 있었기 때문에 어머니는 아버지에게 복수할 생각을 하셨던 것이지요.

이대로 변호사　판사님, 이 사건에 대해서 좀 더 자세히 알기 위해 원고의 형인 리처드 1세를 증인으로 신청합니다.

판사　허락합니다. 증인 리처드 1세는 앞으로 나와 선서하세요.

잉글랜드의 용맹한 왕, 십자군의 영웅 리처드 1세가 당당한 걸음으로 증인석으로 나가자 방청객들 사이에서 가벼운 탄성이 터졌다. 반면에 존 왕은 잔뜩 움츠러들어 보였다.

리처드 1세　선서. 나 리처드는 진실만을 말할 것을 선서합니다.

판사　간단히 자기소개를 해 주세요.

리처드 1세　나는 헨리 2세의 후계자이자 존 왕의 형인 리처드입니다. 사람들은 나를 사자심왕이라고 부르죠.

이대로 변호사　1173년의 반란에 대해 여쭤 보겠

리처드 1세는 플랜태저넷 왕조의 잉글랜드 두 번째 국왕입니다.

습니다. 자식들 모두가 아버지에 맞서 싸웠습니까?

리처드 1세　　가장 어린 존을 제외하고는 모두 한마음이었습니다. 하지만 저희를 지원하던 어머니 엘리노어가 아버지의 군대에 사로잡히면서 반란이 무산되어 버렸지요.

이대로 변호사　　그 후 어떻게 되었습니까?

리처드 1세　　아버지는 반란이 무산되자 반란에 가담한 세 아들을 용서해 주셨습니다. 그리고 땅을 분배해 주셨지요. 저희로서는 목적

　　왜 존 왕은 마그나 카르타를 승인했을까?

했던 바를 이루었기 때문에 큰 불만은 없었습니다만, 어머니는 아버지가 돌아가실 때까지 풀어주지 않으셨어요.

이대로 변호사　　그러니까 헨리 2세가 상속 문제를 정리해 준 것이군요. 좀 자세히 말씀해 주시겠습니까?

리처드 1세　　네. 장남인 헨리 형님에게는 잉글랜드, 노르망디와 앙주를 상속하기로 하셨습니다. 또 내게는 아키텐을 주고 제프리에게는 브르타뉴를 주기로 하셨어요. 딸들에게도 각기 풍족하게 혼인 지참금을 주어 시집 보내셨지요. 장녀인 마틸다 누님의 경우 독일 공작 중 가장 부자인 사자공 하인리히와 결혼했고, 엘리노어는 카스티야의 왕 알폰소 8세와 결혼했습니다. 조애너는 시칠리아 왕인 윌리엄 2세와 결혼했고요.

이대로 변호사　　원고는 유산을 받지 못했군요?

리처드 1세　　네. 그래서 사람들이 존을 '실지왕(Lackland)'이라고 불렀습니다. 물론 나중에 대륙에 있던 잉글랜드 영토를 다 잃어버려서 그 별명이 더욱 유명해진 것이지요.

이대로 변호사　　아, 본래는 상속을 받지 못했기 때문에 생긴 별명이군요. 그런데 자식들의 반란이 이 한 번이 아니었군요?

리처드 1세　　네. 1183년에 장남인 헨리가 아버지에 대항하여 반란을 일으켰다가 갑작스럽게 죽었어요. 3년 후에는 제프리가 죽었고요. 그래서 나와 동생 존만 남게 되었지요.

이대로 변호사　　그런데 왜 증인은 헨리 2세에 대항하여 다시 반란을 일으켰지요?

실지왕

'Lackland'란 '땅이 없는, 즉 영토를 잃은'이라는 뜻입니다. 따라서 땅이 없는 왕이라는 의미이지요.

편애
어느 한 사람이나 한쪽만을 치우치게 사랑한다는 뜻입니다.

시농
프랑스 서부 상트르 주에 있는 소도시입니다.

리처드 1세　　그것은 전적으로 아버지의 존에 대한 **편애** 때문이었어요. 나는 이제 가문의 장남으로서 마땅히 프랑스의 기름진 영토를 분배받아야 했습니다. 하지만 아버지는 프랑스와 아일랜드의 통치권을 존에게 주기로 약속하고 내게는 잉글랜드를 주겠다고 하셨어요. 잉글랜드라니요? 말도 안 되지요. 날씨도 좋지 않은 이런 섬나라에서 내가 무엇을 할 수 있겠습니까? 그래서 나는 아버지에게 맞서기로 결심했던 것입니다. 어머니 엘리노어도 나의 생각을 전폭적으로 지지해 주셨지요.

이대로 변호사　　그래서 어떻게 되었습니까?

리처드 1세　　1189년에 나는 어머니와 함께 프랑스 왕 필리프 2세와 손을 잡고 반란을 일으켰습니다.

이대로 변호사　　잠시 원고에게 묻겠습니다. 원고는 이때 누구 편에 섰습니까?

존 왕이 잠시 머뭇거리다가 작은 목소리로 대답했다.

존 왕　　그건 단순한 문제가 아닙니다.

이대로 변호사　　다시 묻겠습니다. 원고는 이 반란 때 아버지 편에 섰습니까? 아니면 리처드 1세 편에 섰습니까?

존 왕　　리처드 형과 손을 잡았습니다.

이대로 변호사　　대 플랜태저넷 왕조를 열었던 헨리 2세는 아들과 아내에게 배신을 당한 채 프랑스 **시농**에서 한을 품고 비참하게 죽어

가야 했습니다. 원고는 처음 몇 년간은 아버지 편에 서서
충성을 보이는 척하다가, 전세가 어려워지자 형의 편에 서
서 아버지에게 대적하였습니다. 믿는 도끼에 발등 찍힌다!
이것이 바로 원고의 실체입니다.

김딴지 변호사　　이의 있습니다. 배반의 역사로 치자면 리처드 1세
가 선수지요. 헨리 2세에 대항해 두 번이나 반란을 일으켰습니다. 그
런데 왜 리처드 1세에 대해서는 일언반구 얘기하지 않는 거지요? 이
건 불공평하지요. 증인은 어떻게 생각하십니까?

이대로 변호사　　판사님, 원고 측 변호인의 질문은 본 사건과는 아무
런 관계가 없습니다. 군이 답변할 필요가 없다고 생각합니다.

판사　　증인은 원치 않으면 답변하지 않아도 좋습니다.

리처드 1세　　판사님, 답변하겠습니다. 물론 그렇게 생각하는 것도
충분히 이해됩니다. 하지만 아버지는 너무 유약하셨어요. 아버지 헨
리 2세의 치적을 부정하지는 않지만, 법을 만드는 것과 실제로 법이
제대로 굴러가게 하는 것은 별개의 문제이지요. 토머스 베켓의 경우
를 보거나 어머니 엘리노어가 아버지에게 반기를 든 경우를 보아도,
아버지는 사람들 마음을 얻는 것에 문제가 있으셨어요.

이대로 변호사　　그 말은 믿어야 할 사람을 믿지 않고 믿지 말아야
할 사람을 믿었다는 얘기도 되겠군요.

리처드 1세　　그렇습니다. 아버지는 내 동생 존을 끔찍이도 아꼈습
니다. 막내는 사실 왕국 내에서 누구보다도 망나니처럼 굴었는데,
아버지의 막내 사랑은 맹목적이었지요. 아버지가 왜 그리 급작스럽

치적
잘 다스린 공적 또는 정치상의
업적을 가리킵니다.

카리스마
대중을 심복시켜 따르게 하는 능력이나 자질을 말합니다.

게 돌아가신 지 아십니까? 실은 동생 존의 배반으로 인한 충격 때문이었어요. 잉글랜드 사람이라면 누구나 이 사실을 알았지요. 그뿐이 아닙니다. 아버지가 시농에서 돌아가셨을 때 잉글랜드 사람 누구도 비통해하지 않았습니다. 그리고 내가 왕위에 오르자 온 잉글랜드가 환호했지요. 왜 그랬겠습니까? 잉글랜드는 사자처럼 강력한 카리스마를 가진 나 같은 통치자를 원했기 때문입니다.

이대로 변호사   이제 왕위에 오른 증인과 원고의 관계에 대해서 질

문 드리겠습니다. 동생을 아버지가 편애했는데도, 왕위에 오른 증인은 원고를 무척 아꼈군요?

리처드 1세 그렇습니다. 내겐 하나밖에 없는 동생이었어요. 그래서 나는 할 수 있는 한 배려하려고 했습니다.

이대로 변호사 예를 들자면요?

리처드 1세 나는 왕위에 오르자마자 존에게 잉글랜드의 더비, 노팅엄, 콘월, 데번, 서머싯, 도싯과 노르망디의 모르텡 주 등 왕국의 노른자위에서 나오는 수익을 동생에게 주었습니다.

이대로 변호사 그런데 원고는 그 형마저 배반했군요?

리처드 1세 비통하지만 그렇습니다. 나는 잃어버린 ▶성지 예루살렘을 회복하고자 유럽에서 십자군을 모아 전쟁에 참여하게 되었습니다. 여러분도 알다시피, 내가 얼마나 용감했으면 사람들이 나를 '사자심왕 리처드'라고 불렀겠어요?

이대로 변호사 국왕이 나라를 비우면 누가 나라를 다스립니까?

리처드 1세 그래서 나는 잉글랜드를 동생 존이 대신해서 다스리도록 맡겼지요. 그런데 동생이 왕국을 거덜을 내 버렸습니다. 내가 돌아왔을 때는 나마저 배반했지요.

김딴지 변호사 증인이 그렇게 말할 자격이 되는지 모르겠습니다. 질문 하나 하겠습니다. 증인은 몇 년 동안 잉글랜드 국왕으로 있었습니까?

리처드 1세 만 10년이죠.

김딴지 변호사 그러면 그 10년 동안 잉글랜드에 실제로

▶ 11세기 후반 셀주크 튀르크가 기독교도들의 성지 순례를 박해하고 비잔티움 제국을 위협하였습니다. 이에 교황은 각국에 십자군의 파견을 호소하였지요. 이후 많은 제후와 기사들이 호응하여 1096년부터 약 200여 년 동안 여러 차례의 십자군 원정이 이루어졌습니다.

에브루
프랑스 북서부 노르망디 지방,
우르의 중심지입니다.

머문 건 얼마 동안입니까?

리처드 1세　약 6개월 정도 됩니다.

김딴지 변호사　겨우 6개월 동안 나라 안에 있었으면서 무슨 왕이라 할 수 있습니까? 증인의 명성에는 거품이 많아요. 증인은 십자군에서 돌아오는 도중에 독일 왕에게 포로로 잡혀서 엄청난 몸값을 지불하게 만들었지요?

이대로 변호사　지금 이 소송에서 살펴볼 대상은 리처드 1세가 아니라 원고입니다. 형이 돌아오는 길에 포로로 잡혔습니다. 그런데 원고는 어떻게 했습니까?

리처드 1세　나를 배신했지요. 독일 왕에게 편지를 써서 나를 꼭 붙잡아 두라고 했습니다. 그리고는 자신을 잉글랜드의 왕이라고 선언해 버렸어요. 프랑스 왕 필리프 2세와 손을 잡고 나를 몰아내고자 했습니다. 존은 선조 때부터 내려오던 노르망디를 프랑스 왕에게 넘겨주는 치욕적인 배신을 행했습니다.

이대로 변호사　결국 증인은 잉글랜드로 돌아왔지요?

리처드 1세　네. 교황의 중재로 몸값 10만 파운드를 내고 돌아왔습니다. 왜 가난한 잉글랜드 백성들이 10만 파운드라는 거금을 모아서 나를 구해 냈겠습니까? 그만큼 동생 존이 나라를 엉망으로 만들어 놓았기 때문이지요.

이대로 변호사　증인이 돌아왔을 때 원고는 어떻게 했습니까?

리처드 1세　다급해진 존은 이번엔 프랑스 왕을 배신했어요. 에브루에 있는 프랑스 수비대를 공격해 살육을 자행했습니다.

이대로 변호사 원고의 일생은 변절과 배신의 드라마군요. 그런데도 다시 원고를 용서하고 결국에는 후계자로까지 지목했더군요?

리처드 1세 내 앞에서 벌벌 떨면서 용서를 구하는 동생을 외면하지 못하겠더군요. 무엇보다 어머니 엘리노어 왕비의 눈물 앞에 내가 마음이 약해졌습니다. 그때 냉정하게 반역죄로 처벌했어야 했는데…….

이대로 변호사 증인은 개인적으로 원고를 한 나라의 국왕으로서 어떻게 평가하시겠습니까?

리처드 1세 참 난감한 질문입니다. 그는 한 나라의 왕이기 이전에 나의 사랑하는 동생이니까요. 하지만 이 자리가 공적인 자리이니만큼 냉정하게 평가해야겠지요. 나는 감히 존 왕을 잉글랜드 역사상 최악의 왕이라고 말하겠습니다. 돌아보니 그는 모든 사람을 속이려고 했으며 아무에게도 신뢰받지 못했어요. 잔인하고 배신에 능하고 교만하며 거기다 겁쟁이지요. 천하고 속임수에 능하며 믿을 만한 구석이라고는 없는 사람이에요. 동생을 아는 모든 사람이 그를 싫어했어요. 나는 동생이 귀족들에게 몰려 마그나 카르타를 승인한 것이 사필귀정(事必歸正)이라고 생각합니다.

이대로 변호사 감사합니다. 이상으로 증인 신문을 마치겠습니다.

판사 증인, 수고하셨습니다.

3

존 왕은 어떻게
실지왕이 되었을까?

판사   이제 리처드 1세가 죽고 원고가 왕위에 오른 과정과 그 이후의 일들에 대해 살펴보겠습니다. 피고 측 변호인부터 시작할까요?

이대로 변호사   형 리처드 1세가 죽은 뒤 잉글랜드 왕위 계승을 둘러싸고 다툼이 이어집니다. 원고는 형 리처드 1세가 죽자마자 지체 없이 왕위에 오르려고 했는데요. 선왕의 추도 기간을 보낸 뒤 정당한 절차를 밟아서 왕좌에 올라야 했던 것 아닙니까?

존 왕   그건 이대로 변호사가 몰라서 하는 소리예요. 만약 잉글랜드에 왕이 없다면 귀족들끼리 왕위 다툼을 벌여 내전이 일어날 게 뻔한걸요. 그런 일을 막고자 서둘렀던 것뿐이지요. 게다가 아무런 자격도 없는 자가 프랑스를 등에 업고 잉글랜드 왕의 자리를 넘보는 일까지 있었어요.

이대로 변호사　그가 누구죠?

존 왕　내 죽은 형인 제프리의 아들 아서입니다. 프랑
스에서는 아르튀르라고 부르지요. 내 조카이긴 하지만
사생아일 뿐입니다. 절대로 잉글랜드 왕좌에는 어울리지 않는 아
이였지요.

추도
죽은 사람을 생각하며 슬퍼한다
는 뜻이지요.

이대로 변호사　당시 프랑스 왕은 아르튀르를 지지하기로 결정했
습니다. 아르튀르의 나이 열두 살에 잉글랜드 왕위를 놓고 프랑스
내에서 싸움이 벌어졌군요.

존 왕　프랑스의 속셈이 느껴지지 않습니까? 프랑스는 형 리처드
1세가 죽은 후 잉글랜드를 차지하려는 욕심을 부렸어요. 그래서 나
이 어린 아르튀르를 이용한 것이지요. 프랑스 왕 필
리프 2세가 왜 아르튀르를 노르망디 공으로 인정하
고 앙주와 아키텐의 영주로 인정했겠습니까? 필리
프 2세는 이러한 명칭이 잉글랜드 국왕에게 수여
되는 명칭임을 알고 있었던 거죠. 그가 프랑스 내에
있는 잉글랜드 영토를 빼앗을 속셈이었다는 것은
천하가 다 아는 사실입니다.

이대로 변호사　그러면 원고가 어떻게 왕위에 오
르게 되었는지 차근차근 얘기해 주세요.

존 왕　나는 형인 리처드가 죽었을 때 당연히 형
의 뒤를 이어 왕위에 올랐어요. 당시 프랑스에서
내 유일한 후원자는 어머니인 엘리노어 왕비였습

필리프 2세는 프랑스 국왕으로서는 최
초로 위대한 왕이라고 평가되어 '존엄
왕'이라는 별명을 얻었습니다.

니다. 내가 왕위를 계승하려고 잉글랜드에 왔을 때 프랑스에서 믿고
의지할 유일한 분이었지요. 나는 1200년 5월 25일에 잉글랜드에서
대관식을 하고 왕이 되었어요.

이대로 변호사　　그러면 원고와 필리프 2세 사이의 갈등은 무엇 때문
에 생겨났습니까? 원고가 왕위에 오르자마자 불법적인 행동을 해서

그랬던 것 아닙니까? 원고는 왕위에 오르자마자 자신과 함께했던 조강지처 글로스터의 이사벨을 버렸습니다. 그리고 자신의 프랑스 내 입지를 위해 앙굴렘의 이사벨라와 결혼하려고 했지요? 원고는 불법으로 결혼을 취소하고 앙굴렘 백작 오드마르의 딸이자 상속녀인 이사벨라와 결혼하려고 했습니다. 하지만 그녀는 푸아투의 위그 드 뤼지냥이라는 약혼자가 있었지요. 자신의 입지를 위해 아내를 버리고 남의 약혼녀를 빼앗는 비도덕적인 행위를 했습니다.

존 왕   그것은 이대로 변호사가 당시의 상황을 잘 몰라서 그래요. 당시 난 잉글랜드에 돌아왔지만 안정적인 수익을 올릴 수 있는 영지가 필요했어요. 그것이 앙굴렘의 영지였지요.

이대로 변호사   그러면 이사벨라의 약혼자 뤼지냥은 가만히 있었습니까?

존 왕   바로 그 뤼지냥 때문에 일을 그르쳤지요. 이 사람이 필리프 2세에게 자신의 처지를 호소하면서 문제가 생긴 것입니다.

이대로 변호사   그래서 필리프 2세가 원고를 프랑스 궁으로 소환한 것이군요.

존 왕   그렇지요. 하지만 그가 무슨 권한으로 나를 소환한다는 겁니까? 노르망디와 아키텐의 공작이니까 자신의 휘하라고 생각했지만, 나는 그렇게 생각지 않았어요. 나는 잉글랜드의 왕이었소.

이대로 변호사   그 후 어떤 일이 일어났지요?

존 왕   1202년 4월에 필리프 2세는 프랑스에 있는 나의 땅을 몰수

조강지처
몹시 가난하고 천할 때 고생을 함께 겪어 온 아내를 이르는 말입니다.

글로스터
영국에 있는 도시의 이름입니다.

앙굴렘
프랑스에 있는 도시의 이름입니다.

푸아투
프랑스의 중부 지방에 있는 곳의 이름입니다.

전광석화
번갯불이나 부싯돌의 불이 번쩍
거리는 것과 같이 매우 짧은 시
간이나 매우 재빠른 움직임 따위
를 비유적으로 이르는 말입니다.

한다고 선언하고는 글쎄 조카인 아르튀르에게 푸아투와 앙주의 땅을 하사하고 자기 누이인 마리와의 결혼을 주선했지요. 이는 프랑스에 있는 내 땅을 빼앗아 나의 영향력을 없애고자 한 계획된 처사였지요.

이대로 변호사 그래서 어떻게 되었습니까?

존 왕 필리프 2세는 동부 노르망디로 진격했고, 조카 아르튀르와 뤼지냥은 푸아투에서 내 어머니인 아키텐의 엘리노어를 함정에 빠트렸지요. 긴박한 순간이었습니다. 아마 적들은 자신들의 승리를 자신하고 있었을 거예요.

이대로 변호사 원고는 어떻게 위기를 극복했습니까?

존 왕 아마 적들은 내가 100킬로미터 이상 떨어져 있었기 때문에 추격하는 데 며칠은 소요될 거라고 생각했을 겁니다. 하지만 나는 그들이 방심한 틈을 타 48시간 만에 달려가서 조카 아르튀르와 200명의 기사와 귀족을 포로로 잡아 버렸어요. 그것이 1202년 8월 1일입니다. 전광석화 같은 공격이 이루어 낸 내 일생 최고의 승리였지요.

이대로 변호사 흥미로운 것은 그 후의 일이 아닐까요? 보통 승리한 군주 밑에는 충성을 다하는 기사들이 있기 마련인데요, 하지만 원고 휘하의 귀족들은 결국 원고를 떠났다면서요? 그 이유가 원고가 포로를 무지막지하게 학대하고 잔인하게 다루어서라는데, 어떻게 생각하십니까?

존 왕 내가 포로들을 잔인하게 다루었다고요? 흥. 그건 남의 말 하기 좋아하는 자들이 만들어 낸 소문에 불과해요. 나는 그동안 헛

된 자비를 베풀었을 때 결과가 어떻게 되는지 뻔히 봐 왔어요. 아버지와 형님의 사례를 통해, 사람들은 결국 누구의 이익도 아닌 바로 자기 자신의 이익을 위해 행동하는 철저히 이기적인 존재라는 것을 나는 일찍이 깨달았지요. 잔인하다니요? 전쟁 덕분에 허튼 자비는 비수가 되어 내게 돌아온다는 것을 알았을 따름이지요.

이대로 변호사　　그래서 항복한 조카를 죽였단 말입니까?

존 왕　　누가 내가 조카를 죽였다고 했소? 역사 어디에도 그런 기록은 없어요.

이대로 변호사　　사람들은 누구나 원고가 잔인하게 조카를 죽였다고 얘기하고 있어요. 항복한 자를 죽이는 것은 기사도 정신에 어긋나는 행위라는 것을 몰랐습니까?

존 왕　　나는 아르튀르를 죽이지 않았소.

이대로 변호사　　그래요? 원고는 포로로 잡힌 아르튀르에게 왕위를 포기하면 절대로 신상에 해를 끼치지 않겠노라고 약속했지요?

존 왕　　당연하지요. 내 피붙이인데. 그렇지만 아르튀르는 야심을 거두지 않았지요.

이대로 변호사　　그 때문에 조카를 살해했습니까?

존 왕　　살해라니? 나는 아르튀르를 지하 감옥에 가두라는 명령을 내렸을 따름이오. 그 후에 어떤 일이 일어났는지는 정말 몰라요. 그런데도 사람들은 나를 조카의 살인자라고 비난하기 시작했지요. 정말 모르는 일이란 말이오. 증거가 있으면 증거를 대 봐요.

기사도
중세 유럽에서 기사로서 지켜야 했던 도덕을 가리키는 말입니다. 기독교의 윤리를 바탕으로 용기, 신을 공경하는 것, 예의, 염치, 명예 따위의 덕목을 이상으로 삼았지요.

봉신
봉건제 사회에서 자신의 상위 주군에게 봉사하는 대가로 봉토를 받던 사람을 뜻합니다.

용병
봉급을 주어 병력에 복무하게 고용한 병사를 일컫는 말입니다.

이대로 변호사 원고가 증거를 얘기하니 묻겠습니다. 원고가 얼마나 포로를 잔인하게 학대했던지, 원고를 도와준 투아르의 에이머리와 윌리엄 로체스터라는 두 앙주 귀족이 결국은 원고에게 등을 돌리지 않았습니까? 원고의 잔학한 행위에 심지어 같은 편까지 불쾌함과 치욕을 느꼈습니다. 그것이 결국 원고가 프랑스의 모든 땅을 잃어버리는 이유가 되었지요.

존 왕 나를 배반한 자들 역시 프랑스 왕의 회유에 넘어간 불쌍한 자들일 따름이오. 결국 아무도 믿을 수 없다는 내 말이 거꾸로 증명된 셈이지. 그래요. 나는 아무도 믿지 않소. 심지어 나의 봉신조차도. 나는 아무도 나를 진심으로 사랑한다고 믿지 않아요. 나는 돈만 믿소. 그래서 용병들을 고용했고 그들을 믿었지.

이대로 변호사 그것이 바로 원고가 백성과 귀족의 신망을 잃은 이유라는 것을 모른단 말입니까? 원고의 잔인하고 비겁한 행위로 인해 원고에게 무슨 별명이 붙었는지 아십니까? '물검(soft-sword)'이라고 하더군요.

존 왕 나는 아무도 상관하지 않아요. 나는 내 길을 간 것뿐이오. 그런데 이런 나를 아무도 믿고 따르지 않았소. 다들 내 반대편에 서더군. 모두가 저 간교한 프랑스 왕 필리프 2세의 계략이지. 그들은 멀리 있는 나보다는 가까이 있는 프랑스 왕을 더 무서워한 겁쟁이들이오. 1202년 10월에 적들이 앙주의 중심 도시를 점령했어요. 이듬해 1월에 나는 노르망디로 퇴각할 수밖에 없었고, 필리프 2세는 앙리프와 메인과 투렌을 차지했지요. 결국 1203년 12월에는 노르망디를 버리고 잉글랜드로 떠날 수밖에 없었소. 그래요. 그것이 내가 살아온 인생이오. 이런 나를 있는 그대로 인정하고 믿어 주고 후원해 준 이는 나의 어머니인 아키텐의 엘리노어밖에 없어요.

이대로 변호사　원고가 잉글랜드로 온 것은 자의가 아니라 프랑스에서 더 이상 설 땅이 없었기 때문이로군요. 어머니인 아키텐의 엘리노어의 죽음이 그 결정적인 계기인가요? 어머니 얘기를 좀 해 보시지요.

존 왕　내 어머니는 1204년에 여든두 살의 나이로 프랑스에서 돌아가셨습니다.

이대로 변호사　어머니가 돌아가신 뒤 봉신들이 등을 돌렸고 곧 전쟁에서 진 것이군요.

존 왕　그렇소. 1204년에 마지막 땅이 함락되고 내 어머니가 돌아가시자 푸아투의 영주와 성직자들이 나를 배반했어요. 필리프 2세의 궁전으로 가서 신하의 예를 올리고 카스티야의 왕이 가스코뉴를 점령해 버렸지요. 이것이 내가 대륙에서 땅을 잃어버린 이유입니다.

이대로 변호사　원고는 왕위를 이어받을 당시 유럽에서 가장 큰 영토를 상속받았습니다. 원고의 영토는 아일랜드에서 북쪽의 스코틀랜드 국경 지방과 프랑스 서남부의 가스코뉴, 남쪽으로는 피레네에 달했지요. 그런데 원고가 왕위에 오른 지 채 4년이 안 되어 무슨 일이 생겼습니까? 노르망디와 앙주를 빼앗기고 프랑스 내에 있는 공

교과서에는

▶ 토머스 마콜리는 프랑스 내 영지를 진정한 잉글랜드의 문화 발전을 저해하는 방해물로 간주했습니다. 빅토리아 시대 역사학자인 윌리엄 스터브스는 '존의 무능력이라는 행운'이 잉글랜드를 노르망디에서 벗어나게 도와주었다고 썼지요. 프랑스 역사학자인 미슐레는 헨리와 그의 아들을 잉글랜드의 통치자로 생각했으며, 프랑스에서 쫓아내야 할 영국인으로 간주했습니다.

작령 대부분을 빼앗겼어요. 원고 이전의 왕인 헨리 2세나 리처드 1세는 프랑스에서 통치하면서 잉글랜드를 가끔 방문하는 정도였는데, ▶이제는 상황이 역전되어 원고는 잉글랜드에서 주로 머물다 결국 잉글랜드에 묻힌 첫 번째 대륙 출신의 왕이 되었지요. 물론 이걸 두고 빅토리아 시대 역사학자인 윌리엄 스터브스는 '존의 무능력이라는 행운'이 잉글랜드를 노르망디에서 벗어나게 도와주었다고 쓰기도 했고, 프랑스 역사학자인 미슐레는 헨리와 그의 아들을 잉글랜드의 통치자로 생각했으며, 프랑스에서 쫓아내야 할 영국인으로 간주하기도 했지요.

어쨌든 1215년의 마그나 카르타의 첫머리는 다음과 같이 시작됩니다. "신의 은총에 연원한 잉글랜드 국왕, 아일랜드의 영주, 노르망디와 아키텐의 공작, 앙주의 백작인 존." 하지만 실제로 이 당시에는 이미 땅을 다 잃어버린 상태라 이 호칭은 맞지 않습니다. 그냥 불러주었을 뿐이지요. 원고는 이것을 사필귀정이라고 생각하지 않으십니까? 아버지를 배반하고 형을 배반하고 기사도 정신에 어긋나게 조카마저 살해했어요. 대륙의 땅을 잃어버리고 잉글랜드로 돌아온 것은 원고의 무책임함과 잔인함과 실정을 대변하는 것이 아닐 수 없습니다. 이는 당시의 정치적 상황이 어떠했든 이해되기 어려운 원고 개인의 실책이라고 판단됩니다. 이상으로 신문을 마치겠습니다.

김딴지 변호사　　지금 피고 측 변호인은 지나치게 결과론적인 입장에서 원고를 몰아세우고 있습니다. 지금껏 살펴보았듯이 원고는 굴곡진 시대를 살았어요. 원고 자신도 당대의 시대 상황 속에서 불가피한 선택을 할 수밖에 없었던 것입니다. 원고는 어려서부터 형들과 아버지의 세력 갈등을 보았습니다. 성인이 된 뒤에는 형이 왕의 자리를 비운 잉글랜드를 돌보아야 했지요. 당시 형 리처드 1세의 십자군 원정으로 국가 재정은 바닥을 드러냈어요. 이런 정황을 고려하지 않고 일방적으로 원고를 몰아세우는 것은 타당하지 않습니다. 프랑스 왕 필리프 2세와의 관계도 그래요. 형 리처드 1세는 자신의 후계자로 원고를 지명했고 당연히 원고는 왕위를 계승해야 했습니다. 그럼에도 필리프 2세는 프랑스 내에서 자신의 입지를 강화하기 위해 원고의 조카인 아르튀르를 지원해서 반란을 일으키게 했지요. 이러한 상황에서 어느 한편에 모든 책임을 묻는 것이 과연 타당한지 의문이 들지 않을 수 없습니다. 이상입니다.

판사　이것으로 첫째 날 재판을 마치겠습니다. 원고를 둘러싼 양편의 공방을 잘 들어 보았습니다. 원고인 존 왕이 희대의 배신자요 문제아였는지, 아니면 그 시대의 불가피한 정치적 상황에서 비롯된 일이었는지 양편의 입장을 들어 보았습니다. 이를 바탕으로 둘째 날 재판에선 원고와 피고의 진술을 중심으로 마그나 카르타 제정에 이르는 과정을 살펴보겠습니다. 이상으로 오늘의 재판을 마무리하겠습니다.

　　땅, 땅, 땅!

영국 내에 미국 영토가
존재한다고?

템스 강변 러니미드 평원에는 자유, 정의, 해방을 기념하는 두 개의 기념물이 있습니다. 하나는 존 케네디 기념비로, 영국 하원이 1963년 11월 22일에 암살된 미국의 36대 대통령 케네디를 기리고자 건립한 것입니다. 또한 케네디 기념법에 의해 왕의 사유지인 러니미드 평원의 4제곱킬로미터가 여왕의 선물 형식으로 미국 국민에게 양도되었어요. 따라서 러니미드 유적지는 미국 영토인 셈이지요. 입구를 지나면 길 옆으로 미국의 주를 상징하는 50개의 화강암이 놓여 있어요.

비문은 케네디 대통령 취임사에서 인용한 것입니다.

"각국이 우리의 우방이 되든 적국이 되든, 우리는 어떤 대가를 치르더라도 두려움 없이 임무를 맡을 것이며, 어떠한 고난도 피하지 않고 우방을 지원하며 자유의 정착과 번영을 위하여 적을 막을 것이다."

또 다른 기념물은 미국 변호사회에서 기증한 원형 건물로 법률로 보장된 자유를 상징하는 마그나 카르타에 대한 경의를 표현하고 있습니다. 이곳은 영국 자유권의 토대가 된 마그나 카르타가 탄생한 장소라는 역사적 의미를 가지고 있기 때문입니다.

다알지 기자

안녕하세요, 역사공화국 세계사법정의 다알지 기자입니다. 오늘 재판은 잉글랜드의 존 왕이 자신의 명예를 회복시켜 달라며 본 법정에 제소한 데 대한 것입니다. 첫 번째 재판부터 열기가 뜨거웠는데요, 지금 법정 앞은 많은 사람들로 북새통을 이루고 있습니다. 그만큼 마그나 카르타에 대한 관심이 대단한 것으로 볼 수 있겠군요. 원고와 피고는 인터뷰를 최대한 자제하는 분위기입니다. 마침 비장한 표정의 변호인들이 법정을 걸어 나오고 있네요. 그럼 양측 변호인을 직접 만나 내용을 들어 보겠습니다. 먼저 김딴지 변호사에게 질문하겠습니다. 이번 재판 어떻게 보십니까?

김딴지 변호사

　흠. 오늘 첫 재판에서 저는 존 왕을 둘러싼 가
족들 사이의 분쟁 및 정치 사회적 배경을 부각시
키려고 했습니다. 사람들은 존 왕은 배신자, 악한 왕이
라는 이미지를 강하게 가지고 있고, 마그나 카르타는 존 왕의 실정에
따른 자연스러운 결과라고 생각합니다. 이처럼 지나치게 일그러진 존
왕의 명예를 회복하자는 게 이 소송의 목적이라서, 나는 최대한 사회
적 정황을 설명할 필요가 있다고 판단했습니다. 역시 제 생각대로, 존
왕은 당시 상황에서는 충분히 이해할 만한 행위들을 했다는 것을 확인
했지요. 물론 이미 역사적 판단이 난 사건인 만큼 앞으로 전개되는 싸
움이 쉽지는 않겠지만 조금씩 희망이 보입니다.

이대로 변호사

　　제 예상대로 존 왕은 자신이 행한 악행을 변
　　명하기에 급급했습니다. 원고 측 변호사도 존 왕
　　의 행위에 면죄부를 주기에 바빴지요. 하지만 사람들
이 존 왕에 대해 막연히 갖고 있던 악한 왕, 실지왕이라는 생각을 다소
간 없애고 원고의 입장을 어느 정도 이해하게 했다는 점에서 원고 측
이 선전했다고 봅니다. 다음 재판에서는 우리 피고 측도 맹활약하여
존 왕이 더 이상 변명하지 못하게 할 생각입니다. 다음 재판을 기대해
주십시오.

왜 잉글랜드 귀족들은 존 왕에게 대항했을까?

1. 교황은 왜 존 왕을 파문했을까?
2. 존 왕의 프랑스 원정이 남긴 것은 무엇인가?
3. 러니미드 평원에서 무슨 일이 벌어졌을까?

교과연계

역사
VIII. 다양한 문화권의 형성
   4. 유럽 세계의 형성과 발전
      (3) 변화의 물결 속에 르네상스가 시작되다

교황은 왜 존 왕을
파문했을까?

첫째 날 재판을 본 방청객들은 다소 혼란을 느끼고 있었다.

"지난번 재판을 보니 존 왕의 입장도 이해가 안 되는 바 아니더라고."

"우리가 영화에서 일방적으로 그려진 존 왕의 모습만 봐 왔잖아. 실제 존 왕의 모습은 그렇지 않을 수도 있지 않을까?"

"아니, 무슨 그런 얘기들을 하시오? 존 왕이 역사에서 지금까지 부정적인 모습으로 그려졌다면 거기엔 충분한 이유가 있었을 거요. 기록으로 남아 있는 것만 봐도 충분하지 않소? 아버지 배반, 형 배반, 조카 살해…… 이보다 더 화려한 배반의 기록이 어디에 있겠소?"

그때 명판결 판사가 입장했고, 둘째 날 재판이 시작되었다.

판사　지난 재판에서는 원고가 왕위에 오른 과정과 프랑스 내의 영토를 상실한 내용을 살펴보았습니다. 오늘은 잉글랜드에서 원고가 주교 및 귀족과 갈등을 겪고 마그나 카르타를 승인하게 된 상황을 다루겠습니다. 이 사건의 피고인 캔터베리 대주교 스티븐 랭턴에 대한 신문으로 재판을 시작하지요.

방청석에서 웅성거리는 소리가 났다.

"스티븐 랭턴 대주교가 누구지?"

"마그나 카르타는 귀족들과 체결한 건데 왜 대주교가 피고야?"

스티븐 랭턴　　판사님, 저는 이 자리에 황당한 마음으로 와 있습니다. 사실 이 사건에서 제가 피고로 몰릴 만한 이유가 없습니다. 존 왕 전하와 귀족들 사이를 어떻게든 중재하려고 애쓴 저를 이런 식으로 몰아붙이다니 옳지 않습니다.

김딴지 변호사　　그건 피고의 생각일 뿐입니다. 간단하게 몇 가지만 확인하겠습니다. 피고는 마그나 카르타에 주교와 귀족의 대표로 제일 앞에 서명했지요?

스티븐 랭턴　　그렇습니다.

김딴지 변호사　　잉글랜드 주교는 보통 어떻게 선출되지요?

스티븐 랭턴　　▶대개 국왕이 선임하고 교황이 재가하는 방식으로 이루어집니다.

김딴지 변호사　　그렇다면 피고의 주교 선임도 원고가 했

추호

가을철에 털갈이하여 새로 돋아
난 짐승의 가는 털이란 뜻의 한
자어로, 매우 적거나 조금인 것
을 비유적으로 이르는 말입니다.

사리사욕

사사로운 이익과 욕심을 말합니다.

겠군요? 그런가요?

스티븐 랭턴   그렇지 않습니다. 교황이 직접 저를 임명했지요.

김딴지 변호사   당시 교황과 원고의 대립 관계를 피고는 알고 있었습니다. 그런데도 논란이 있는 캔터베리 대주교 직을 선뜻 수용한 데엔 다른 뜻이 있는 것 아닙니까?

스티븐 랭턴   다른 뜻이라뇨? 무슨 말씀을 그렇게 하십니까? 나는 평생 동안 학자로서 대학에서 열심히 연구하며 살았습니다. 개인의 영광을 위해 받아들인 자리가 결코 아니에요.

김딴지 변호사   피고는 파리 대학의 신학부 교수로 있었군요. 그래서 어느 누구보다 프랑스의 입장을 잘 대변할 수 있었겠다고 생각합니다만.

스티븐 랭턴   결코 그렇지 않습니다. 나는 **추호**의 **사리사욕** 없이 잉글랜드의 안녕만을 생각했어요.

김딴지 변호사   원고가 선임한 주교가 아니고, 프랑스에서 활동했고, 교황이 아낀 학자라면, 충분히 원고와 대립할 수 있으리라고 누구나 논리적으로 추론할 수 있습니다. 그러니 대주교께서 이 자리에 피고로 와 있다는 사실을 너무 민감하게 받아들이실 필요는 없습니다. 게다가 원고는 피고가 프랑스의 첩자 노릇을 했다고 강하게 의심하더군요.

이대로 변호사   판사님, 이의 있습니다. 김 변호사는 지금 일부 사실을 가지고 사람들에게 잘못된 선입관을 줄 수 있는 표현을 하고 있습니다. 첩자라니요? 발언을 취소시켜 주십시오.

김딴지 변호사 무슨 소리요? 내가 그렇다는 것이 아니라 원고가 그렇게 강력하게 의심한다는 건데요.

판사 이의를 기각합니다. 원고 측 변호인은 계속하세요.

김딴지 변호사 먼저 교황 인노켄티우스 3세와 원고가 대립하는 원인이 되었던 캔터베리 대주교 서임에 대해 자세히 묻겠습니다. 피고는 캔터베리 대주교 자리가 국왕을 보좌하기 위한 자리라는 것을 알고 있지요?

스티븐 랭턴 당연하지요.

김딴지 변호사 전임 대주교 휴버트 월터는 누가 선임했습니까?

스티븐 랭턴 리처드 1세가 선임했지요. 리처드 전하가 총애한 심복이었습니다.

김딴지 변호사 피고도 지적했다시피, 누구라도 할 수만 있다면 캔터베리 대주교 자리에 자신의 측근을 앉히고 싶어 했을 것입니다. 원고는 왕위에 오른 뒤에도 휴버트 월터가 교회를 쥐고 있어서 본인의 뜻대로 나라를 이끌어 가는 데 어려움을 겪었어요. 휴버트 월터 대주교가 죽자 비로소 잉글랜드를 다스릴 수 있게 되었다고 원고가 토로할 정도였지요. 원고, 그렇지 않습니까?

존 왕 그랬습니다. 그런데 캔터베리 수도사들이 조직적으로 반기를 든 것이지요.

김딴지 변호사 어떻게 반기를 들었습니까?

존 왕 캔터베리 수도사들이 자신들이 직접 대주교를 선택하겠다

서임
벼슬자리를 내리는 것입니다.

노리치

영국 노퍽 주에 있는 도시로, 노르만 양식의 성당과 성 따위의 옛 건축물이 많은 곳입니다.

고 주장하더니, 비밀리에 레지널드라는 자를 대주교로 선출했지 뭡니까? 그자는 교황의 재가를 얻기 위해 곧바로 로마로 떠났습니다. 이는 국권을 뒤흔드는 행위지요.

김딴지 변호사　　원고는 어떻게 대응했습니까?

존 왕　　국왕인 내가 왕의 권한을 제대로 행사하지 못한다면 그것은 나라가 아닌 것이지요. 그래서 나는 노리치 주교인 존 드 그레이를 다시 캔터베리 대주교로 임명하고 로마 교황의 재가를 받도록 그를 보냈습니다. 그런데 일이 원치 않게 꼬인 것이지요.

김딴지 변호사　　그러니까 두 사람이 교황 앞에 나타나 서로 캔터베리 대주교라고 우긴 셈이군요.

존 왕　　그 이후의 일은 말하고 싶지도 않습니다. 잉글랜드의 주교와 귀족들은 쉴 새 없이 나를 흔들어 댔어요. 자신들이 필요할 때는 교황이건 프랑스 왕이건 상관없이 협력했지요. 이런 상황에서 내가 무엇을 할 수 있었겠습니까?

김딴지 변호사　　그렇습니다. 원고의 말과 같이 원고는 한 나라의 국왕으로서 당연한 임무인 인사권마저 제대로 행사하지 못했습니다. 오늘 그 책임이 있는 핵심 당사자로 ▶교황 인노켄티우스 3세를 증인으로 신청합니다.

교황 인노켄티우스 3세가 위엄있는 발걸음으로 걸어나왔다. 이 자리에 불려온 것이 편치 않을 법한데, 알 듯 모를 듯 옅은 미소를 지으며 증인석에 선다.

교과서에는

▶ 중세 교회 역사상 가장 막강한 권력을 휘둘렀던 교황입니다. 중세 교황권의 절정기를 보여 준 교황으로 1215년 소집한 제4차 라테란 공의회에서 가톨릭 교회의 교리가 확립되었습니다.

인노켄티우스 3세　나는 이 법정에서 진실만을 말할 것을 선서합니다.

판사　증인은 자기소개를 해 주세요.

인노켄티우스 3세　나는 교황 인노켄티우스 3세입니다. 이런 자리에 내가 불려올 줄은 꿈에도 생각하지 못했어요. 그렇지만 감회가 새롭네요. 여러분이 아시는지 모르겠지만, 내가 바로 이러한 법에 따른 재판 방식을 확립한 인물입니다. 아직도 이러한 재판이 행해지고 있다는 사실에 마음이 뿌듯하군요.

인노켄티우스 3세는 중세 시대 교황권의 전성기를 이룩하였습니다.

김딴지 변호사　증인에게 묻겠습니다. 증인 앞에 대주교라고 주장하는 두 사람이 왔습니다. 증인은 그중 적법하게 원고가 임명한 존 드 그레이를 임명해야 했음에도 왜 하지 않았습니까? 이는 월권 아닙니까?

인노켄티우스 3세　허허. 변호사 양반, 세상일이라는 것이 그렇게 단순하지 않다오. ▶당시에는 수백 년 이상 교황과 국왕 간에 성직자 임명을 놓고 여러 논란이 있었어요. 어느 시기에는 교황이 임명했고, 어느 시기에는 국왕이 임명하기도 했지요. 그러다가 자연스럽게 서로 합의하여 임명하는 식으로 간 것입니다. 즉, 국왕이 임명하면 교황이 특별한 문제가 없는 한 인준해 주는 것이지요. 나도 그 원칙을 지켰고요. 하지만 그때는 상황이 달랐어요. 수도사들

월권
자기 권한 밖의 일에 관여하는 행동을 말합니다.

인준
'승인'과 바꾸어 쓸 수 있는 말입니다.

교과서에는

▶ 교황 그레고리우스 7세는 황제 및 제후가 갖고 있던 성직자 서임권을 빼앗으려 하였고, 신성 로마 제국의 황제 하인리히 4세는 이에 반발하였습니다.

간 대립이 격화되어 어느 누구를 뽑아도 수긍하지 못하는 상황이 되었지요. 그래서 고심 끝에 모두에게 존경받는 스티븐 랭턴을 새로운 후보로 추천한 겁니다.

김딴지 변호사　모두에게 존경받다니요? 원고는 그가 대주교가 되는 걸 결코 원하지 않았어요. 그 점에서 증인은 전통적으로 왕실에 속해 있던 성직 임명권을 침해했습니다. 게다가 증인은 파리 대학에서 가르치던 피고가 분명 프랑스 왕과 밀접한 관계라는 것을 알면서도 피고를 대주교로 임명하겠다고 고집했지요.

인노켄티우스 3세　프랑스 왕과의 관계는 한낱 헛소문에 불과해요.

뿐만 아니라 나는 정당한 권한을 적절하게 행사한 거예요. 존 왕이 생떼를 부리면서 막은 것일 뿐이지요.

김딴지 변호사　원고가 받아들이지 않자 잉글랜드에 ▶성무 정지령을 내린 것입니까?

인노켄티우스 3세　단순히 그렇게만 보면 안 됩니다. 존 왕은 고집을 꺾지 않았어요. 하지만 사제들은 교황인 나에게 복종해야 하기 때문에 받아들이려고 했지요. 그러자 존 왕이 무장 군인들을 시켜 성직자들을 나라 밖으로 쫓아내 버렸습니다. 존 왕의 아버지 헨리 2세가 벌인 토머스 베켓 살해라는 불미스런 일이 떠오를 수밖에 없었지요. 성무 정지령은 불가피한 선택이었어요.

김딴지 변호사　증인의 행동은 지나친 내정 간섭 아닙니까?

이대로 변호사　그것은 꼭 그렇게만 볼 것이 아닙니다. 원고 측 변호인은 원고와 잉글랜드 교회 성직자의 관계를 오해하고 있어요. 그들은 단순히 원고의 부하가 아닙니다. 그들은 잉글랜드를 위해 협력하는 협력자의 관계에 있었고, 예나 지금이나 교회는 세속 권력으로부터 독립적인 성격을 지니고 있어요. 그런데 원고가 그러한 교회를 자기 소유로 만들려고 작정한 것이지요. 증인 인노켄티우스 3세의 성무 정지령은 이러한 잉글랜드 교회의 독립성을 유지하기 위한 불가피한 선택이었습니다. 이에 대해서 당시 교회 상황을 잘 아는 피고가 하실 말이 있을 듯한데요.

스티븐 랭턴　그렇습니다. 나는 존 왕이 성무 정지 때 취

교과서에는

▶ 성무 정지령으로 인해 잉글랜드 내의 모든 종교 행위가 금지되고 교회가 문을 닫았습니다. 교회 종을 칠 수도 없고 교회 의식도 거행되지 못했지요. 사제들은 아무도 교회에 들이지 못했습니다.

한 행동을 보고 그에 대한 신뢰를 접었어요. 결국 단 한 명의 주교를 제외하고 모든 주교가 잉글랜드를 떠나 망명할 수밖에 없었지요.

이대로 변호사　무슨 말씀인지 자세히 설명해 주세요.

스티븐 랭턴　1208년부터 1214년까지 6년 동안 잉글랜드는 전역이 성무 정지되었습니다. 아시다시피 성무 정지란 일요일에 교회에서 미사를 드리지 못하는 것이지요. 교회 종도 울리지 못해요. 사람들이 영혼을 구원받지 못하는 심각한 상황이 아닙니까? 그런데도 존 왕은 이 시기에 교회의 돈을 착복하느라 정신이 없었습니다. 성직자들이 성무를 수행하지 않으니 교회로부터 돈을 받을 자격이 없다며 교회 재산을 몰수했어요. 이를 보다 못한 교황이 존 왕에 대해 파문이라는 전에 없는 조치를 취했습니다. 그리고 잉글랜드 국왕권을 프랑스 왕 필리프 2세에게 넘겨주었지요.

이대로 변호사　참으로 어이가 없군요. 이는 증인이 얼마나 이기적인지 여실히 보여 주는 또 하나의 사건이군요. 오죽했으면 교황이 파문이라는 극단적인 방법을 선택했겠습니까?

김딴지 변호사　꼭 그렇게 볼 수만은 없습니다. 다시 말씀드립니다만, 이는 교황의 지나친 권한 남용이 빚은 결과일 따름입니다. 교황은 온 서유럽의 영적인 지배자라는 자기도취에 빠져 무분별하게 힘을 남용했고, 이는 심지어 일관성 없이 이루어졌지요. 나는 적어도 이 문제에서만큼은 원고보다 교황의 실책이 크다고 판단합니다. 그리고 그 교황 편에 서 있었던 피고와 주교들이 문제를 키웠다고 볼

수밖에 없습니다.

이대로 변호사　원고 측 변호인은 교회의 독립을 지키려는 잉글랜드 주교들의 숭고한 정신을 일개 무리의 집단 이기심 정도로 폄하하고 있습니다. 과연 그럴까요? 마그나 카르타 제1조에서 원고는 "잉글랜드의 교회는 자유롭고 또 완전한 권리를 향유하며 침해할 수 없는 특권을 가지고 있음을 짐은 영구히 신 앞에서 인정하며 동시에 본 헌장에 의하여 짐 자신은 물론 짐의 후사에 이르기까지도 영구히 이를 확인한다"고 약속했습니다. 이는 세속 권력에 대한 교회의 성스러운 독립성을 말하는 것이지요. 주교들은 이처럼 세속 권력에 맞서 교회를 지키고자 했던 것입니다.

김딴지 변호사　만약 증인인 인노켄티우스 3세의 행위가 일관되게 교회의 독립을 위한 것이었다면 끝까지 이것을 지지했어야 옳습니다. 그런데 증인은 이후 마그나 카르타에 대해선 불법 문서라며 원고 편을 들어 줍니다. 그리고 증인 자신이 지지했던 피고가 마그나 카르타를 옹호하자 직무 정지시켜 버리지요. 이 얼마나 어처구니없는 일입니까?

인노켄티우스 3세　김딴지 변호사는 지금 1214년의 상황과 1215년의 상황을 혼동하고 계십니다. 1215년의 상황은 또 달랐지요. 그때 존 왕은 자신의 잘못을 공개적으로 뉘우치고 내게 이미 복종을 했지요. 그런 상황에서 나는 존 왕조차 교회의 어린 양으로서 보듬어야 했어요.

이대로 변호사　참 딱하십니다. 증인도 교활한 원고에게 속아 넘어간 게 아닌가 싶군요. 그가 진심으로 회개했다고 보십니까?

인노켄티우스 3세　교황의 자리란 게 사실 보기만큼 화려하지 않아요. 나는 서유럽 내부의 왕과 황제들이 벌이는 다양한 갈등 속에서 수없이 많은 선택을 해야 했어요. 가톨릭 세계의 평화를 위해서 때로 강하게 책망했다가도 또 한없이 자애롭게 받아 주어야 했지요. 그리고 보다시피 교황이 힘이 있다고는 하나 무력을 가지고 있지는 않아요. 그러니 유럽의 평화의 중재자로서 수고는 수고대로 하고 비난은 비난대로 받는 자리지요.

이대로 변호사   좋습니다. 그렇다면 왜 성무 금지령을 해제하고 파문을 철회하게 되었는지 말씀해 주시겠습니까?

스티븐 랭턴   그에 대해선 당시 잉글랜드 상황을 잘 알고 있는 제가 말씀드리겠습니다. 교황의 성무 정지나 파문보다 프랑스 왕의 침략 위협이 존 왕에겐 실제적인 효과를 발휘했지요. 존 왕은 교황이 프랑스 왕 필리프 2세에게 잉글랜드 왕위를 넘겨준다고 하자 두려워 떨었습니다. 실제로 프랑스 왕 필리프 2세가 대규모 군대를 이끌고 잉글랜드로 쳐들어오려고 준비를 했어요. 다급해진 존 왕은 자신이 교황에게 무릎을 꿇으면 필리프 2세가 군사 행동을 포기할 거라고 기대한 것이지요.

이대로 변호사   원고가 다급하긴 다급했나 보군요. 교황 사절에게 무릎을 꿇기까지 했다니 말이지요.

스티븐 랭턴   그렇게 되기까지는 더한 우여곡절이 있었어요. 우리 주교와 귀족들이 도저히 용납할 수 없는 행위를 존 왕은 스스럼없이 했습니다.

이대로 변호사   무슨 말씀이지요?

스티븐 랭턴   존 왕은 가톨릭 국가 중에 자신을 도와줄 이가 없다는 것을 알고는 심지어 이슬람교도들에게 도움을 요청하였어요.

존 왕   무슨 소리를 하는 거요? 그런 말도 안 되는 이야기를 어디서 감히 한단 말이오?

스티븐 랭턴   존 왕 전하, 유감스럽게도 우리는 프랑스 왕이 침공해 온다는 소식을 듣고 전하가 행한 일을 낱낱이 알고 있습니다. 전하는 에스파냐 남쪽 코르도바의 왕에게 사신을 보내, 만약 전쟁에 참여해서 도와주면 앞으로 봉신이 되어 조공을 바치겠다고 약속했을 뿐 아니라 무슬림이 되겠다고까지 하지 않으셨습니까? 어찌 전하는 이교도의 나라 코르도바에까지 잉글랜드가 수치를 당하게 하셨습니까?

이대로 변호사　그래서 어떻게 되었습니까?

스티븐 랭턴　코르도바 왕조차 존 왕을 겁쟁이 약골이라고 조소하며 제안을 거절했다는 기록이 남아 있습니다. 그 후 존 왕은 교황에게 항복하고 복종을 맹세했지요. 그러니 우리는 잉글랜드의 미래가 암울하게 느껴질 수밖에 없었습니다. 교황 사절로 온 판돌프 추기경은 프랑스 왕의 잉글랜드 원정 준비 상황을 설명해 주었어요. 그리고 존 왕이 교황에게 복종하지 않으면 어떤 일이 생길지 알려주었지요.

이대로 변호사　원고는 확실히 정치적으로 오버액션을 했군요. 잉글랜드 귀족들이 보는데 교황 사절인 판돌프 추기경 앞에서 무릎을 꿇고 잉글랜드 왕국을 교황에게 바치는 의식을 행했네요. 교황이 매우 좋아했겠군요.

김딴지 변호사　그렇게 비아냥거릴 일이 아니지요. 국왕의 모든 행위는 정치적 의미를 지니고 있습니다. 그런데 피고 측에서 간과하는 바가 있습니다. 성무 정지와 파문 시기에는 귀족이나 성직자가 왕에게 대들 구실이 있었지만 이제는 그렇지 않다는 것이지요. 교황이 용서한 국왕에게 반대하는 것은 이제 반역이 되는 것입니다. 증인도 이에 동의하십니까?

인노켄티우스 3세　　나로서는 잉글랜드 국왕이 잉글랜드 전체를 봉헌하겠다고 약속하고 봉신이 되겠다고 하는데 거부할 이유가 없지요. 그것이 정치적인 것이든 진심이든 말이죠. 교황은 성직자에게는 강력한 명령권을 가지지만 세속의 정치인에 대한 영향력은 한계가 있기 마련입니다. 어쨌든 나는 내 형편에서 매 순간 최선의 선택을 했다고 여깁니다.

판사　　증인, 수고하셨습니다. 달리 신문할 사항이 없다면 증인은 돌아가셔도 좋습니다.

2
존 왕의 프랑스 원정이
남긴 것은 무엇인가?

판사　마그나 카르타를 촉발한 갈등 중 주교와의 갈등을 살펴보았으니 이제 귀족들과의 갈등의 원인을 살펴봅시다.

이대로 변호사　이러한 상황까지 갔다면 원고는 자숙했어야 합니다. 하지만 원고는 무모한 일을 계속 벌이지요. 프랑스 원정 계획이라니요. 원고는 끝까지 백성들의 처참한 삶은 돌아보지 않고 개인의 야욕만 추구했습니다.

김딴지 변호사　그렇지 않습니다. 사실 관계를 명확히 해야 합니다. 교황은 원고가 참회하고 용서를 구한 뒤 성무 정지와 파문을 풀었습니다. 그리고 프랑스 왕 필리프 2세에게 잉글랜드 침공을 포기하도록 권고하지요. 하지만 프랑스 왕은 계속 전쟁 준비를 해 온 터라 침공 계획을 포기하지 않습니다. 그러다가 원고에게 천금 같은 기회가 온 거예요.

존 왕 그렇습니다. 말 그대로 천금 같은 기회였어요. 그런데 귀족들이 이 계획에 동조하지 않았어요. 그들은 다 프랑스 편에 선 배반자들입니다.

이대로 변호사 원고야말로 어이없는 주장을 계속하는군요. 판사님, 프랑스 왕 필리프 2세를 증인으로 요청합니다.

판사 좋습니다. 증인 필리프 2세는 증인석에 나와 선서해 주세요.

필리프 2세 나, 필리프는 진실만을 말할 것을 선서합니다.

이대로 변호사 증인으로 참석해 주셔서 감사합니다. 증인은 교황의 반대에도 불구하고 계속 잉글랜드에 침입하려고 했습니까?

필리프 2세 그렇지 않아요. 교황께서 존이 회개했으니 형제애로 대해 주라고 권고해서 나도 순종하려고 했습니다. 그런데 아시다시피 군대를 모으는 데에는 엄청난 돈이 들지요. 나는 그것을 낭비할 생각이 없었어요. 그래서 그 군대로 존의 동맹인 플랑드르 백작을 공격하려고 했지요.

이대로 변호사 어떻게 되었지요?

필리프 2세 아쉽게도 브뤼헤의 항구인 담에 정박해 있던 프랑스 군 함대가 잉글랜드 솔즈베리 백작의 함대에게 공격을 당했습니다. 수백 척의 전함이 불타는 큰 피해였어요. 이때 본 피해 때문에 잉글랜드 침공에 대해서는 관심을 껐지요. 그런데 존 왕이 이를 보고 오판을 한 것이지요.

이대로 변호사 오판이라고 하면, 프랑스 군대를 과소평가했다는 얘기겠지요?

필리프 2세　　그렇습니다.

이대로 변호사　　증인의 소중한 증언 감사합니다. 원고에게 묻겠습니다. 원고는 교황에게 잉글랜드를 넘겨주는 의식을 하고 자존심이 상한 상태에서 오판한 것을 인정합니까?

존 왕　　절대 그렇지 않아요. 나는 프랑스 본토에서 땅을 잃은 후 늘 그 땅의 회복을 꿈꿔 왔어요. 그러다가 명예 회복의 기회가 온 것이지요. 하지만 이번에도 귀족들이 봉신으로서 군사를 제공하고 세금을 납부해야 하는 의무를 거부했습니다.

이대로 변호사　　그래서 어떻게 했나요?

존 왕　　그들 대부분이 북쪽 지방의 귀족들이었어요. 이 '북부파'는 늘 반란의 기미를 보이던 자들이지요. 할 수 없이 데리고 갈 수 있는 자들만 데리고 프랑스로 건너갔습니다. 플랑드르 백작은 북쪽에서 필리프 2세를 공격하고 잉글랜드 군은 남으로부터 진격해 올라갔지요.

이대로 변호사　　결국 그 계획은 실패했지요? 원고는 필리프 2세와 부빈느에서 맞붙었지만 역부족으로 패했고, 두 왕은 종전 협정을 맺었지요?

존 왕　　잉글랜드의 북부파 놈들은 이런 결과를 기다렸던 게 분명해요. 공공연하게 반란의 기미를 보였지요.

스티븐 랭턴　　전하는 아직도 자신의 잘못을 남 탓으로 돌리십니까? 당시 잉글랜드 백성들의 처참한 상황을 모르셨나요? 농민과 농노들

은 처참한 상태에서 살고 있었어요. 귀족들의 삶은 또 어땠고요? 물론 굶지는 않았지만 별반 나을 것 없는 삶이었어요. 모두 전하가 부과한 과중한 세금 탓이었지요. 전하가 나라를 다스린 15년 동안 전하는 무엇을 이루셨나요? 성직자, 귀족, 평민, 모두에게 미움을 받는 삶이 아니었습니까? 그런데도 전하는 끝까지 백성들의 소리를 외면하셨지요. 부빈느 전투에서 지고 나서 잉글랜드가 물어내야 할 전쟁 보상금이 자그마치 6만 마르크에 달했습니다. 그런 상황에서 우리가 무엇을 어떻게 더 참을 수 있었겠습니까?

판사 피고는 발언권을 얻고 발언해 주세요.

김딴지 변호사   판사님, 이 문제에 관해 피고를 신문하고자 합니다.

판사   그렇게 하세요.

이대로 변호사   원고는 마치 국가를 위해 대륙 정벌 정책을 편 것처럼 호도하는데, 실제로는 백성의 고혈을 빨아먹은 것이 아니오?

김딴지 변호사   항상 어떤 결정에는 기회비용이 따르기 마련입니다. 그러한 평가는 단순히 전쟁에 졌기 때문에 생긴 것이지요. 왜 여기서 봉신으로서 전쟁 참여를 거부한 귀족들의 잘못에 대해선 관대하게 넘어가는 것입니까? 만약 귀족들이 협력해서 부빈느 전투에서 승리했다면 프랑스 내의 영지를 되찾을 수도 있었을 겁니다. 하지만 귀족들은 이 원정전에 이미 거대한 배반의 계획을 세웠어요. 피고, 그렇지 않습니까?

스티븐 랭턴   가당치 않아요. 국왕은 대관식 때 국가의 정의를 집행하며 왕국 내의 보호를 위탁받은 자들에게 공평히 행할 것을 신과 백성들 앞에서 엄숙히 선서합니다. 그래서 ▶국왕은 필요할 경우 봉신들에게 재정적 도움이나 군사적 도움을 요청할 권리를 갖는 거지요. 잉글랜드 귀족들은 그 역할을 충실히 감당해 왔습니다. 다만 우리는 국왕에게, 왕의 자의적인 판단이 아니라 왕국 내 귀족들의 동의를 받아 도움을 요청해 달라고 청한 것입니다. 우리가 마그나 카르타에서 명문화한 것이 바로 그것이지요.

마그나 카르타 12조, "병역 면제세 또는 보조금은 어떠한 것을 막론하고 짐의 왕국 일반 회의에 의하지 않는 한 짐의 왕국 내에서 부과되지 아니한다." 이 회의의 구성원은 14조에서 "대주교, 주교, 수도원장, 백작, 그리고 대봉신"들로 되어 있지요.

김딴지 변호사 피고는 그것이 반란을 통해 확보한 문서라는 사실을 잊지 말아야 합니다.

이대로 변호사 그것은 원고 측의 억지에 불과합니다. 이미 잉글랜드 귀족들은 견딜 수 있는 수준을 넘어섰던 것이지요. 그 모든 것이 통제되지 않은 왕권 때문입니다. 오죽하면 원고를 '백성의 약탈자'라고 표현했겠습니까?

김딴지 변호사 이러한 상황을 중재해야 할 책임이 피고에게 있는데 피고는 오히려 반란자들을 부추기고 앞장섰습니다. 피고는 성직자로서 책임을 느끼지 않습니까?

스티븐 랭턴 성직자는 신 앞에서 백성들의 영혼의 구원을 책임지는 자입니다. 존 왕은 프랑스 원정을 마치고 귀국하면서 대륙에서 용병을 데리고 와서 프랑스 원정에 동행하지 않은 귀족들에게 복수하기로 합니다. 용병들은 가는 곳마다 잔인하게 사람들을 학살하고 마을과 농장을 불태웠어요. 존 왕은 거의 실성한 사람처럼 용병들을 부추겼지요. 나는 노샘프턴에 있는 존 왕의 군대를 찾아갔습니다. 그리고 왕 앞에서 국가와 백성을 보호하기로 선서한 맹세를 어긴 것에 대하여 엄히 꾸짖었어요.

김딴지 변호사 원고의 반응은 어땠습니까?

스티븐 랭턴　　존 왕은 "국가는 내게 맡기고 교회나 신경 쓰시오"라고 소리치더군요. 나는 물러나지 않았습니다. 노팅엄에서 두 번째로 만났을 때는 존 왕 앞에 앉아서 악행을 계속하면 다시 한 번 왕을 파문하겠다고 경고했지요. 그러자 존 왕이 움찔하더군요. 나는 왕에게 귀족들의 협의체를 허용하고 그들의 말을 들으라고 했습니다.

왜 존 왕은 마그나 카르타를 승인했을까?

3

러니미드 평원에서
무슨 일이 벌어졌을까?

판사　　원고가 교황에게 파문당하고 프랑스 원정에서 실패한 과정을 살펴보았습니다. 이제 원고가 마그나 카르타를 승인한 상황에 대해서 자세히 알아보도록 하겠습니다. 우선 원고 측 변호인이 말씀해 주세요.

김딴지 변호사　　피고는 자신이 귀족과 원고 사이의 중재자인 척하지만, 실제로는 그가 귀족들을 부추겨 반란을 일으켰습니다. 그렇지 않습니까?

스티븐 랭턴　　전혀 그렇지 않아요. 나는 존 왕의 거듭된 실정에 등을 돌린 귀족들의 모반 계획을 알고 있었어요. 하지만 그들이 반란을 일으키는 것에 나는 동의하지 않았습니다. 그럴 경우 결국 내전으로 이어질 것을 알았기 때문이지요. 설사 귀족들이 내전에서 승리

사문화
법령이나 규칙 따위가 실제적인 효력을 잃어버리는 것, 또는 그렇게 하는 것을 이릅니다.

한다고 해도 나라 전체가 큰 고통을 받을 것은 뻔한 일이었어요. 그래서 나는 자유 헌장을 만들어 왕이 승인하도록 하자고 귀족들을 설득했습니다.

김딴지 변호사   자유 헌장이란 무엇인가요?

스티븐 랭턴   잉글랜드에는 위대한 선왕 헨리 1세가 제정한 자유 헌장이라는 것이 있었습니다. 국왕과 귀족들 간의 세금 및 군역에 대한 권리와 의무 관계를 규정한 법령이지요. 실제로는 사문화되다시피 했지만, 이러한 훌륭한 문서는 우리 잉글랜드의 자랑이라 할 만하지요. 나는 존 왕이 이 문서에 의거해 나라를 다스리고 귀족들이 이 문서의 의무와 권리를 이행한다면 잉글랜드가 새로워질 거라고 믿었습니다.

김딴지 변호사   피고의 진술은 피고가 실제로 귀족들을 회유하고 설득하여 피고의 뜻대로 이끌고자 했음을 인정하는 것으로 보아도 되겠습니까?

스티븐 랭턴   그것을 전적으로 부정하지는 않겠습니다만, 나는 귀족들을 선동하기보다는 국왕과 귀족 사이에서 중재 역할을 하려 했던 것입니다.

김딴지 변호사   하지만 결국은 피고의 의도대로 일이 진행되었고, 그것은 곧 반란으로 이어졌습니다. 어째서 피고는 자신의 중재자로서의 선한 의도만 강조하고 일의 결과에 대해 책임을 지려는 마음은 없는 겁니까?

스티븐 랭턴   일의 결과에 대해 책임을 지려 하지 않는다는 말에 동의하기 어렵습니다.

김딴지 변호사   내 말은, 무식한 귀족들을 설득하고 부추긴 피고의 각본대로 모든 일이 흘러갔다는 뜻입니다. 이를 입증하기 위해 귀족 대표 윌리엄 마셜 백작을 증인으로 신청합니다.

판사   증인 윌리엄 마셜은 나와서 선서하세요.

윌리엄 마셜   선서. 나 윌리엄 마셜은 진실만을 말할 것이며, 거짓을 말할 경우 벌을 받겠습니다.

판사   간단히 자기소개를 해 주세요.

윌리엄 마셜   나는 잉글랜드 귀족이자 장군으로 마그나 카르타에 서명한 25인의 한 사람입니다.

김딴지 변호사   증인에게 묻겠습니다. 증인은 귀족과 국왕이 대립했을 때 피고가 끄집어낸, 헨리 1세가 제정했던 자유 헌장에 대해 알고 있었습니까?

윌리엄 마셜   아는 바 없었습니다. 아마 다른 귀족들도 마찬가지였을 거예요.

김딴지 변호사   그렇다면 증인을 포함한 귀족들 중 글을 읽을 줄 아는 사람이 있었습니까?

윌리엄 마셜   당시의 귀족들은 대개 글을 읽고 쓸 줄 몰랐습니다. 물론 나도 글을 읽을 줄 모릅니다.

김딴지 변호사   증인과 귀족들은 국왕에 반대하여 반란을 **모의**한 적이 있지요?

모의
어떤 일을 꾀하고 의논한다는 뜻이에요.

자구책
스스로를 구원하기 위한 방책을
말합니다.

윌리엄 마셜 반란이라는 말은 적당하지 않아요. 존 왕이 프랑스 원정에서 실패하고 돌아온 후 자신에게 동조하지 않은 귀족들을 처벌하려고 했기 때문에, 우리도 자구책을 마련하려고 모인 겁니다.

김딴지 변호사 그런데 어떻게 피고가 모의의 주동자 역할을 했지요?

윌리엄 마셜 스티븐 랭턴 대주교는 모의를 주도하지 않았습니다. 오히려 군사 대응을 하려는 귀족들을 설득해서 평화롭게 일을 마무리 지으려고 노력했지요.

김딴지 변호사 결과적으로 피고가 마그나 카르타의 작성에 핵심적으로 연관되어 있음을 인정하는 것으로 받아들여도 되겠습니까?

윌리엄 마셜 인정합니다. 하지만 왕과 타협하기 어렵다고 생각한 우리에게 스티븐 랭턴 대주교가 헨리 1세의 자유 헌장을 가지고 와서 우리를 설득한 것은 분명 역사가 인정할 만한 큰 기여라고 믿습니다.

김딴지 변호사 증인 신문은 여기까지입니다. 감사합니다.

이대로 변호사 저도 몇 가지 증인에게 질문하겠습니다. 왕과의 협상은 어떻게 진행되었습니까?

윌리엄 마셜 우리는 먼저 대주교가 읽어 준 문서를 기초로 해서 새로운 헌장을 작성하기로 했습니다. 이를 위해 1214년 11월에 모든 귀족들이 베리 세인트 에드먼즈 성당에 모였어요. 우리는 한 사람씩 교회 앞 제단에 무릎을 꿇고 왕이 새로운 헌장을 승인하기를 거부한다면 왕에게 대항하겠노라고 맹세했습니다. 스티븐 랭턴 대

성전

성스러운 전쟁 즉 '거룩한 사명
을 띤 전쟁'이라는 의미입니다.

주교는 단호한 표정으로 우리를 지켜보았지요. 이 문서를
가지고 우리는 존 왕과 협상했습니다.

이대로 변호사　원고가 호락호락 협상에 응하던가요?

윌리엄 마셜　우리로서는 최대한 압박하는 수밖에 없었
지요. 1214년 성탄절에 왕국 일반 회의가 우스터에서 개최되었습니
다. 그곳에 존 왕도 참석했지요. 하지만 그는 성실하게 대화하려 하
기보다 시간을 끌고자 했습니다. 부활절에 다시 만나기로 해 놓고
비밀리에 교황에게 서신을 보내 도움을 요청하기도 했지요.

　1215년 1월에 우리는 '교회와 왕국의 자유를 지지하겠다'고 맹세
했습니다. 왕이 우리의 요구 조건을 들어주지 않으면 전쟁은 불가피
하다는 위협도 잊지 않았지요.

이대로 변호사　교황청의 반응은 어땠습니까?

윌리엄 마셜　존 왕은 이 논쟁에 교황이 개입하기를 원했지만, 교
황은 이 일에 직접 개입하기 어려운 입장이었습니다. 우리도 교황의
개입에 대해 분명하게 반대했지요. 하지만 교황은 사건의 전말을 모
르는 채 존 왕 편을 들어서 우리를 자극했어요. 교황은 존 왕에게 맞
서는 귀족들이 "이슬람교도보다 더 사악하다"고 쓴 서신을 보내왔
습니다. 교황이 자기를 편든다고 생각한 존 왕은 스스로 십자군 전
사라고 칭하면서, 성전(聖戰)이라고 주장하며 군사들에게 흰색 십자
가를 주기도 했어요.

이대로 변호사　그래서 귀족들은 어떻게 했습니까?

윌리엄 마셜　우리는 귀족들뿐 아니라 런던 시장과 런던 시민의 지

지도 끌어내리려고 했어요. 왜냐하면 우리의 목적이 단순히 귀족의 권리를 보호하는 데 있지 않고 잉글랜드의 모든 백성을 보호하는 데 있었기 때문이지요. 하지만 존 왕은 외국인 용병을 고용해 자신의 백성을 공격하려고 했어요.

이대로 변호사　원고와는 추가로 협상이 진행되었습니까?

윌리엄 마셜　우리는 1215년 5월 5일, 공식적으로 왕에 대한 충성을 거부했습니다. 내란이 시작된 거지요. 곧 로버트 피츠월터가 이끄는 우리 군대가 런던에 입성했고 런던 시민의 대대적인 환호를 받

로버트 피츠월터
반란의 주모자 중의 하나였던 에식스 던모우의 영주를 가리킵니다.

았습니다. 런던 시민들 역시 존 왕의 과중한 세금 요구에 지쳐 있었던 거지요. 우리는 런던에 진을 치고 왕에게 마그나 카르타를 수용하라고 요구했습니다.

이대로 변호사   원고의 반응은 어땠습니까?

윌리엄 마셜   존 왕이 크게 분노했다고 하더군요. 존 왕은 우리가 왕관을 빼앗고 자신을 노예로 만들려 한다고 말했지만 그건 사실이 아닙니다. 우리는 왕을 끌어내리거나 죽이려는 의도 같은 건 전혀 없었어요. 왕도 국가를 위해 법에 따라 나라를 다스리도록 하려 했을 뿐이지요. ▶결국 존 왕은 1215년 6월 15일 템스 강변 러니미드 평원에서 우리와 만나 마그나 카르타의 최종안을 수용했습니다. 역사적인 날이었지요.

이대로 변호사   원고와 귀족 모두 흔쾌히 받아들였습니까?

윌리엄 마셜   귀족들이 존 왕을 도통 믿지 못했기 때문에, 이런 헌장을 제정하는 게 무슨 소용이 있겠는가 하는 얘기들도 있었어요. 하지만 그들 역시 마그나 카르타에 자신들의 입장을 잘 반영하였지요. 6월 19일에는 다시 국왕에 대한 충성을 맹세하고 혼란한 상태를 마무리 지었어요.

이대로 변호사   그렇지만 원고는 처음부터 이 헌장을 지킬 생각이 없지 않았을까요?

윌리엄 마셜   글쎄요. 내가 문서를 내밀었을 때 존 왕의 눈빛을 잊을 수 없습니다. 존 왕은 온종일 논쟁하면서 시간을 끌다가, 저녁 무렵이 되어서야 결국 인장을 찍으셨어

교과서에는

▶ 존 왕은 봉신들의 요구에 동의하면서 양피지에 손으로 쓴 대헌장에 옥새를 찍어 왕국 전체에 공식적으로 낭독하도록 허락하였습니다.

요. 그러나 분명한 점은, 존 왕의 의지와 관계없이 마그나 카르타는 그 자체로 효력을 지니게 되었다는 것입니다.

김딴지 변호사　지금 피고 측 변호인과 증인이 펼치는 주장은 매우 치우쳐 있어요. 마그나 카르타에 원고가 동의하기 어려웠던 건 귀족들의 요구가 과도했기 때문입니다.

이때 마땅찮은 얼굴로 증언을 듣고 있던 원고 존 왕이 불쑥 끼어들었다.

존 왕　그렇습니다. 나는 1215년 3월 초에 귀족들의 요구를 받아들이기로 결심했습니다. 그런데 정작 귀족들 가운데 이를 거부한 자들이 있었어요. 그들은 계속해서 협상 불가능한 요구 사항들을 들고 와서 나를 압박했지요.

김딴지 변호사　이렇게 한 나라에서 국왕과 귀족들 사이에 갈등이 있을 때 대개 누가 중재하게 됩니까?

존 왕　전통적으로 이런 문제는 교황이 중재하시기에 교황에게 판단해 달라고 청했어요.

김딴지 변호사　교황은 어떤 대답을 했습니까?

존 왕　교황은 귀족들에게 편지를 보내, 음모와 강압적인 방법으로 왕을 압박하지 말고 공손하게 탄원하라고 했지요. 그리고 캔터베리 대주교와 주교들에게는 중재자 역할에 실패하고 모반에 가담한 죄를 추궁했어요. 하지만 반란을 주도한 자들은 교황의 요청마저 묵 살해 버렸어요. 그들은 합리적인 대화가 불가능하도록 무력으로 나를 압박하면서 마그나 카르타를 들이밀었지요.

김딴지 변호사　이러한 상황을 고려해 볼 때 1215년의 반란은 귀족들이 사적인 이익을 도모한 행위로서 어떤 이유로도 정당화될 수 없습니다. 잉글랜드는 노르만 정복 이후 새로운 왕이 등장할 때마다 반란이 있었습니다. 그럴 때 반란군은 자신들이 지지하는 대안 세력이 있었어요. 예를 들어 귀족들은 스티븐 왕에 대항하는 왕비 마틸다를 위해 싸우기도 했고, 헨리 2세에 대항하는 아들들 편에 서기도 했지요. 리처드 1세와 원고가 갈등했을 때에는 원고를 위해 싸우려는 귀족도 있었어요. 하지만 1215년에는 귀족들이 원고 대신 선택할 왕조가 없었습니다. 귀족들을 이끌 다른 왕족도 없었지요. 원고의 아들은 또 너무 어렸고요.

이대로 변호사　그건 무슨 억지 논리입니까? 왕족이 국왕에 대해 반란을 일으키는 건 되고 왕족 아닌 자가 일으키는 건 안 된다는 거예요?

김딴지 변호사　1215년의 반란 당시 원고에 대항한 자들이 벌인 일이 결국 무엇인지 아십니까? 원고가 받아들이지 않을 경우 프랑스 왕을 잉글랜드로 끌어들이려고 했다는 것입니다. 내가 말하려던 게 이거예요.

　이런 것을 볼 때 이 일은 이전의 반란과는 차원이 달랐어요. 다시 말해, 귀족들은 자신들의 이익을 위해서라면 잉글랜드 왕조를 통째로 프랑스 왕에게 넘길 수도 있었다는 겁니다. 그러므로 이 반란은 결코 미화되어서는 안 되는 행위라고 판단됩니다.

판사　양측의 주장을 잘 들었습니다. 다음 재판에서 마그나 카르타에 담긴 내용과 그것을 제정한 이후의 상황에 대해 살펴보는 것으로 하고, 오늘 재판은 여기서 마치겠습니다.

땅, 땅, 땅!

토머스 베켓 살해 사건

1162년, 잉글랜드 국왕 헨리 2세는 가장 신뢰하는 친구이자 조언자인 토머스 베켓을 캔터베리 대주교로 임명했습니다. 성직자들은 대부분 1155년 이래 계속 대법관을 역임했던 토머스 베켓이 교회법상 최고의 지위를 부여받는 것을 마뜩치 않게 여겼지요. 하지만 토머스 베켓은 선출되자마자 왕과 대립함으로써 유능한 대주교임을 입증해 보였습니다. 헨리 2세의 아우가 너무 가까운 친척의 부유한 상속녀와 결혼하는 것에 반대했던 것이지요. 배신감을 느낀 헨리 2세는 성직자의 범죄 문제를 이용했습니다. 중죄를 저지른 성직자가 교회법으로 재판받겠다고 고집하면 중벌을 피할 수 있는 것을 문제 삼으면서, 교회는 이런 성직자의 성직을 박탈한 뒤 속세의 법원에서 재판받게 하라고 했어요. 토머스 베켓은 이에 반대했으나, 헨리 2세는 교회에 대한 왕실의 권리를 더욱 강력하게 요구했지요. 결국 1164년에 토머스 베켓은 프랑스로 피신하여 교황에게 호소하기에 이릅니다.

토머스 베켓이 5년 동안 추방당한 뒤, 장남 헨리에게 안전하게 왕위를 물려주고 싶었던 헨리 2세는 표면상 왕과 교황과 대주교 사이에 지루하게 진행되던 협상에 박차를 가했습니다. 토머스 베켓은 잉글랜드로 돌아왔고, 운집한 군중들은 환호성을 올리며 기뻐했지요. 그러나 토머스 베켓과 다시 대립하면서 헨리 2세가 격노하자, 윌리엄 드 트레이시, 레지널드 피츠우르스, 휴 드 모빌, 리처드 르 브레 등 네 명의 기사는 토머스 베켓을 침묵시키는 것이 헨리 2세의 뜻이라고 판단하고 그에게로 달려갔어요. 그리고 칼을 휘둘러 토마스 베켓의 머리를 베어 버렸지요.

토마스 베켓의 죽음은 전 기독교계에 충격을 주었습니다. 토마스 베켓은 1173년 교황에 의하여 순교자로서 시성(가톨릭에서 성덕이 뛰어난 사람이 죽은 후에 일정한 의식에 의하여 성인으로 선포하는 일)되었어요. 그의 무덤은 전 잉글랜드에서 가장 유명한 성지가 되었고, 매년 수천 명의 순례자가 방문하게 되었지요. 이 이야기는 200년 후 초서의 『캔터베리 이야기』에 등장합니다.

헨리 2세는 1174년에 캔터베리 성당을 방문하여 토마스 베켓의 무덤 앞에서 참회했어요. 그리고 "왕은 자신이 성 토마스를 죽이지 않았으며 암살하라고 명령하지도 않았음을 주님과 순교자 앞에 맹세한다. 하지만 자신이 뱉은 무심한 말로 인해 토마스가 살해되고 말았음을 솔직히 인정한다"라고 했답니다.

다알지 기자

여러분, 안녕하세요. 오늘도 어김없이 저는
세계사법정 앞에 나와 있습니다. 원고 존 왕
과 피고 스티븐 랭턴 대주교를 둘러싼 재판이 열
리는 이곳은 재판을 보러 온 사람들로 붐빕니다. 지
난번 재판에서는 주로 역사적 배경을 파악했는데, 이번 재판에서는 그
야말로 첨예한 주제들이 대립되었습니다. 과연 존 왕의 행위는 정당한
통치 행위였으며 귀족들의 반대가 반란이었는지, 아니면 존 왕은 국왕
으로서의 자격을 상실한 행동을 했기 때문에 귀족들의 행동이 정당했
던 것인지에 대해 불꽃 튀는 대립이 있었습니다. 그럼 잠시 양측 변호
인을 만나 보도록 하겠습니다.

김딴지 변호사

　역시 쉽지 않은 재판이었습니다. 제가
변론하면서 느낀 것은, 사람들이 상식으로
여겨 온 것을 좀처럼 바꾸려 하지 않는다는 점이
지요. 역사적 맥락에서 볼 때 분명 피고 스티븐 랭튼과 귀족들의 행위
는 정당화될 수 없는 반란임에도 불구하고, 그들은 계속 자신들의 행
위가 정당했다는 주장만 되풀이했습니다.

　오늘 재판에서 보셨다시피, 피고 스티븐 랭턴은 국왕과 귀족 사이
를 중재해야 하는 막중한 책임을 망각하고 일방적으로 귀족 편에 서
서 반란을 모의하고 주도했어요. 왕이 거부할 수 없는 강압적인 분위
기에서 마그나 카르타를 승인하도록 한 것은 어떤 이유로도 용납될
수 없습니다. 아마 이 재판을 지켜본 분이라면 누구나 제 말에 공감하
실 것입니다.

이대로 변호사

　　원고 측이 억지스런 주장을 펴리라는 건 예상했습니다. 그들의 논리는 간단해요. 원고의 행위를 정당한 통치 행위라고 주장하고 피고와 귀족들을 반역자로 모는 것이지요. 하지만 본 재판을 통해 사람들은 원고의 됨됨이가 어떠했는지, 귀족과 성직자, 백성들이 얼마나 고통 받았는지 명확하게 알게 되었을 것입니다. 더욱이 귀족과 주교들이 원고를 폐위시키거나 죽일 수도 있었음에도 원고에게 다만 마그나 카르타를 승인하고 법률에 따라 통치 행위를 하라고 요구한 것은, 국가를 향한 이들의 진심을 보여 준다고 하겠습니다. 결코 반란이 아니었다는 것을 모두들 충분히 이해했으리라 믿습니다.

영국 헌법의 3대 문서

마그나 카르타

'카르타(Carta)'는 중세 영국 법제 아래에서 특정 집단에게 국왕이 부여하는 특혜나 구체적 사항을 담고 있는 문서를 말하며, 마그나 카르타는 1215년에 영국의 귀족들이 존 왕에게 강요하여 왕권의 제한과 귀족의 권리를 확인한 문서를 가리킵니다. 서문과 63개 조항으로 구성되었으며, 영국 헌법의 근거가 된 최초의 문서로 인정받고 있습니다.

　'대헌장'이라고 불리는 마그나 카르타는 1215년에 영국 왕 존이 귀족들의 강압 아래 승인하였으며, 국왕의 권력을 제한하고 귀족과 성직자 등의 자유와 권리를 보장하는 내용을 담고 있습니다. 국왕의 권력으로부터 국민의 권리와 자유를 지키기 위한 문서로 받아들여져 '권리 청원', '권리 장전'과 더불어 영국 입헌제의 기초로 평가받고 있지요.

권리 청원

1628년에 영국 의회가 찰스 1세의 승인을 받은 국민의 인권에 관한 선언입니다. 1689년의 권리 장전이 명예혁명에 따른 인권 선언의 성격을 띤 데비해, 권리 청원은 1640~1660년 영국에서 청교도가 중심이 되어 일으킨 최초의 시민 혁명인 청교도 혁명과 관련된 인권 선언이지요.

당시 왕이었던 찰스 1세는 의회의 승인도 없이 관세를 징수하고 선박세를 부과하였으며, 응하지 않는 자를 투옥하였습니다. 이에 하원 의원이었던 에드워드 코크 경을 중심으로 '권리 청원'이 제출되었지요.

마그나 카르타를 깊게 논평한 최고의 법학자 중의 한 명인 에드워드 코크 경은 마그나 카르타가 귀족만을 보호하기 위한 것이 아니라고 해석했습니다. 또한 에드워드 코크 경은 마그나 카르타의 자유들을 보완하기 위하여 1628년 권리 청원을 기초했어요. 권리 청원을 제정하는 토론 중에, 에드워드 코크 경은 국왕이 아니라 성문법이 절대적이라는 주장을 펼친 것으로 잘 알려져 있습니다.

권리 장전

인간의 권리를 천명한 헌장 및 법률로, 대표적으로 미국과 영국의 권리 장전이 있습니다. 이 중 영국의 권리 장전은 명예혁명이 일어난 다음 해인 1689년에 영국 의회가 윌리엄 3세에게 즉위의 조건으로서 승인시킨 권리 선언이에요. 1688년 영국에서 일어난 시민 혁명이 바로 명예혁명인데, 피를 흘리지 않고 일어난 혁명이기에 이런 이름이 붙여졌지요. 왕이 의회의 승인 없이 법의 정지·과세·군대의 징모 등을 하지 않을 것, 의회의 언론의 자유 승인 등을 주 내용으로 합니다. 영국 의회가 명예혁명으로 윌리엄 3세를 추대하면서 제출하여 승인받았고, 이 선언을 토대로 의회제정법이 공포되었어요. 권리 장전의 주 내용을 보면 다음과 같습니다.

- 의회의 동의를 거치지 않고 법률의 적용, 면제, 집행, 정지를 금지한다.
- 의회의 동의 없는 과세, 평시의 상비군을 금지한다.
- 선거의 자유, 의회의 발언의 자유, 국민 청원권을 보장한다.

마그나 카르타는 진정 자유의 대헌장인가?

1. 마그나 카르타는 제정 이후 어떻게 되었을까?

2. 왜 마그나 카르타가 중요해졌을까?

마그나 카르타는
제정 이후 어떻게 되었을까?

판사　　재판의 마지막 날입니다. 오늘은 마그나 카르타의 내용과 그것이 제정된 이후의 전개 상황에 대해 살펴보겠습니다. 먼저 원고 측 변호인이 말씀해 주세요.

김딴지 변호사　　존경하는 판사님, 그리고 배심원 여러분, 저는 마그나 카르타가 반란의 와중에 만들어진 문서인 만큼 그 효력을 인정할 수 없다고 주장합니다.

판사　　마그나 카르타 제정이 국왕의 몰상식하고 과도한 폭정에 맞서 분연히 일어선 혁명적 사건이라는 피고 측 주장에 원고는 반대한 다는 뜻입니까?

김딴지 변호사　　네, 그렇습니다. 원고가 전쟁 비용을 충당하려고 세금을 부과하다 보니 인기가 땅에 떨어졌을지언정, 귀족들의 태도는 반란이라는 오명을 벗기 어렵습니다. 세금의 부과나 채무 변제 독촉과 같은 왕의 정당한 권리를 거부하고 과도한 요구 사항을 내걸었기 때문이지요.

변제
남에게 진 빚을 갚는다는 말로 '변상'과 같은 말입니다.

이대로 변호사　판사님, 중요한 것은 마그나 카르타가 항구적으로 담고 있는 내용과 그 정신이라고 생각합니다. 원고 측 변호인이 주장하는 반란이라는 표현은 전혀 적절하지 않습니다. 만약 귀족들이 반란을 일으키려 했다면 왕과 협상할 이유가 없어요. 왕을 그냥 죽일 수도 있었습니다. 하지만 ▶피고를 비롯한 주교, 귀족들은 단순히 악한 왕 하나를 처리하려 하기보다, 잉글랜드가 법에 의해 통치되도록 제도적 장치를 마련하려 한 것입니다. 마그나 카르타의 39조와 40조가 바로 그것을 보여 줍니다.

항구적
변하지 않고 오래가는 것을 의미합니다.

"39조. 자유민은 동료의 합법적 재판에 의하지 않는 한 체포되거나 구금될 수 없다.

40조. 왕은 누구를 위해서라도 정의와 재판을 팔지 아니하며 또 누구에 대해서도 이를 거부 또는 지연시키지 아니한다."

즉, 어떤 왕이라도 법에 따라 행동하도록 한 것이 마그나 카르타가 지닌 혁명적 모습이라 할 수 있습니다.

김딴지 변호사　이 39조의 내용이 진정으로 모든 자유민에게 적용된다고 볼 수 있을까요? 오늘날 많은 이들이 이 문서에 모든 자유민의 자유에 대한 기초 내용이 담겨 있다고 말하지만, 이 문서에서 말하는 자유민이란 성직자와 귀족층만 의미합니다. 왕에 대한 교회와 귀족, 즉 기득권층

교과서에는

▶ 대헌장을 가지고 존 왕은 자신뿐만 아니라 그의 뒤를 이을 영국의 군주와 법관들을 법률의 테두리 안에 가두게 됩니다.

의 권리를 보호하는 데 지나지 않지요. 마그나 카르타를 한번 자세히 읽어 보십시오. 기대를 가지고 문서를 읽은 사람들은 오히려 놀라게 될 것입니다. 여기에서 다루는 자유란 대부분 세금과 군사 등에 관련된 귀족들의 요구 사항일 뿐이지요. 대다수의 국민들은 이 헌장을 통해 아무런 권리도 확보하지 못했습니다.

이대로 변호사　물론 그 입장도 충분히 이해합니다. 하지만 우리는 이 문서를 오늘의 시각에서 보기보다 당시의 시각에서 볼 필요가 있습니다. 우리는 정의와 공평함을 추구하는 보편적 법치주의 속에 살고 있기 때문에 1215년의 사건을 과소평가하기 쉽습니다. 하지만 당시 사회에서는 어느 누구의 재산이나 생명도 안전하지 않았어요. 국왕은 제멋대로 사람을 구금하거나 세금을 부과할 수 있었지요. 그러나 마그나 카르타 이후에는 어느 국왕도 쉽사리 그런 행위를 할 수 없었습니다. 이것이 민주주의의 출생증명서라고 할 수는 없을지 몰라도 최소한 폭정의 사망 증명서임은 분명합니다. 법은 왕과는 별개로 독자적인 힘이며 왕이라도 이를 어길 경우 경고받을 것임을 공표한 것이기 때문입니다.

군주정
군주가 나라를 다스리는 정치 제도를 가리키는 말로 '군주제'와 바꾸어 쓸 수 있습니다.

김딴지 변호사 당시의 시각에서 그 내용을 살펴봐야 한다는 의견에 전적으로 공감합니다. 하지만 그러한 피고 측 변호인의 주장이 타당성을 가지려면, 마그나 카르타가 군주정 약화라는 결과를 낳았어야 합니다. 그랬다면 잉글랜드 대중에게 이 문서가 가치가 있었을 것입니다. 그러나 1215년 당시 잉글랜드 국민들은 군주제보다는 귀족들에 의해 억압을 받고 있었어요. 그러니 마그나 카르타에 과도한 의미를 부여한다는 건 매우 불합리합니다. 실제로 잉글랜드에선 마그나 카르타 제정 이후에 군주제가 발전하게 되지요.

판사 양측의 이야기를 잘 들었습니다. 각 주장의 타당성에 대해서는 배심원단이 적절하게 판단할 것입니다. 이제 마그나 카르타 제정 이후의 상황에 대해 좀 더 살펴볼까요? 원고 측 변호인부터 시작해 주십시오.

김딴지 변호사 마그나 카르타는 사람들의 기대와는 달리 철저하게 실패한 문서였습니다. 러니미드 평원에서 왕과 귀족 간에 합의가 된 지 석 달이 채 지나지 않아 내란이 발발했는데요, 그 이유는 바로 마그나 카르타의 내용이 어떤 왕도 동의할 수 없는 것이었기 때문입니다. 이런 문서를 위협적인 분위기에서 동의한 원고가 마그나 카르타를 준수할 생각이 없었음은 당연한 일입니다.

이대로 변호사　　합의 사항을 지키지 않은 쪽에 책임을 물어야 정상이지, 합의한 것 자체를 문제 삼는 것은 또 무슨 해괴한 변명입니까?

김딴지 변호사　　반란자들은 이미 원고가 합의를 지키지 않을 것을 알고 있었습니다. 그래서 왕이 옴짝달싹하지 못하도록 헌장 속에 장치해 두었지요.

　"52조. 누구든지 자기 동료에 의한 합법적 재판을 기하지 아니하고 왕으로부터 토지 또는 성의 점유를 탈취당하거나 특권 또는 권리를 박탈당할 경우 왕은 즉시 이를 반환한다. 이에 관하여 분쟁이 발생할 경우 25명의 봉신에 의하여 재판된다."

　생각해 보십시오. 왕이 도저히 수용할 수 없는 문서를 승인하게 하고, 그것을 어길 시에는 자신들이 재판을 하겠다는 것입니다. 이는 무엇을 뜻하는 것입니까? 이 25인의 위원회에 속한 봉신들은 필요할 경우 왕의 재산을 몰수하고 인신에 대해 재판할 권리를 갖고 있습니다. 왕을 폐위시킬 수도 있는 강력한 권한을 갖게 된다는 것이지요. 결국 다시 내란이 일어난 책임은 이런 이상한 문서를 만든 귀족에게 있습니다.

이대로 변호사　　그것은 교활한 책임 전가에 지나지 않아요. 이미 마그나 카르타의 사본이 프랑스 어와 영어로 번역되어 잉글랜드 전역

에 배포되었습니다. 그런데 원고는 마그나 카르타가 제정된 지 한 달도 채 지나지 않아 이 문서를 무효로 해 달라는 서신을 교황에게 보내지요. 원고의 요구를 거부하지 못한 교황 인노켄티우스 3세는 마그나 카르타가 불법이자 무효라고 선포했지요. 그리고 교황 자신이 그토록 임명하고자 애썼던 피고가 끝까지 마그나 카르타를 옹호하자 정직시켜 버립니다. 원고는 교황의 지지를 업고 다시 용병을 고용해 런던으로 진격하지요. 이러한 모습이 원고의 일생 동안 반복되었어요.

김딴지 변호사 제가 볼 때에는 귀족들의 책임도 적지 않습니다. 귀족들은 어떻게 대응했습니까? 프랑스 왕의 아들을 끌어들여 잉글랜드 왕좌를 차지하게 하지 않았습니까? 용병을 끌어들인 것이나 프랑스 군을 끌어들인 것이나 무슨 큰 차이가 있습니까?

이대로 변호사　그렇게 볼 것이 아니지요. 프랑스 왕을 끌어들인 것은 잉글랜드를 살리기 위해서였습니다. 용병을 끌어들인 원고의 만행은 차마 입에 담기조차 부끄러울 정도예요. 1216년 5월 22일, 프랑스 왕 필리프 2세의 아들인 루이의 군대가 잉글랜드에 도착했습니다. 원고는 윈체스터로 피했지요. 결국 포위당하여 루이에게 항복했고, 1216년 10월 18일 밤에 쓸쓸히 죽었습니다.

김딴지 변호사　역사가들은 반란군들이 독약을 써서 원고를 살해한 것이라고 의심하고 있습니다. 결국 반란군은 프랑스 왕의 손을 빌려 자국의 왕을 죽인 셈이지요.

이대로 변호사　그건 귀족들의 진심을 모르고 하는 주장입니다. 원고가 죽은 후 귀족들이 누구를 후계자로 지명했는지 아십니까? 바로 원고의 아홉 살 난 아들 헨리입니다. 왜 헨리를 지지했겠습니까? 잉글랜드 귀족들은 왕이 누구이건 간에 마그나 카르타에서 명시한 규칙에 따라 잉글랜드를 지배한다면 수용할 자세가 되어 있었기 때문입니다. 굳이 외국 왕을 데리고 올 이유가 없었던 것이지요. 결국 1217년에 루이는 프랑스로 돌아갔습니다. 이렇게 될 수 있었던 것도 바로 마그나 카르타 덕택이지요.

2

왜 마그나 카르타가
중요해졌을까?

판사　재판이 막바지로 접어들고 있는데요, 원고 측 변호인, 더 신문할 내용이 있습니까?

김딴지 변호사　네, 판사님. 저는 사람들이 흔히 받아들이고 있는 주장에 대해 이의를 제기하고자 합니다. 영국과 미국 시민들은 대부분 자신들이 누리는 자유가 1215년 6월 러니미드 평원에서 일어난 사건 덕분이라고 믿습니다. 하지만 대부분의 사람들은 이 문서가 수백 년 동안 알려지지 않았다는 사실은 모릅니다. 그들은 이 문서에 대해 무한한 찬양을 늘어놓기 시작했지요.

판사　좀 더 자세히 설명해 주세요.

김딴지 변호사　마그나 카르타가 제정된 것은 1215년이었습니다. ▶하지만 오늘날과 같이 마그나 카르타를 사람들이 알게 된 것은

에드워드 코크는 법의 지배를 주장한 판사이자 정치인으로 1628년에 권리 청원을 주도하였습니다.

교과서에는

▶ 1610년 이후 코크는 계속 하원 안팎에서 마그나 카르타를 인용했습니다. 코크가 마그나 카르타에 대한 작업에 매진하고 있다는 것을 전해 들은 찰스 1세는 이 문헌의 발매를 금지시켰습니다. 하지만 코크가 죽은 후 장기 의회(1640~1653)는 몰수되었던 코크의 책을 다시 발행하라고 명령했으며, 이후 그의 마그나 카르타 주석서는 1642년 대혁명의 일부로 알려지게 되었습니다.

1610년 이후로 잉글랜드 법학자 에드워드 코크에 의해서였습니다. 원래 마그나 카르타는 자유민 즉 성직자와 귀족, 봉건 제후의 권리를 보장하는 문서였는데, 이후 에드워드 코크를 거치면서 부르주아 시민의 권리를 보장하는 것으로 해석되었어요. 즉, 에드워드 코크가 살던 시대를 반영해서 마그나 카르타를 재해석한 것입니다.

이대로 변호사 　역사는 늘 재해석됩니다. 마그나 카르타의 중요성도 본래의 문서 자체에 있기보다는 후세에 적용되고 재해석되는 과정에서 강조된 것입니다. 이를 통해 국왕과 봉신 사이의 계약에 지나지 않던 문서가 헌법 수준으로 추앙받게 된 것이지요. 그러나 우리가 명심해야 할 점은, 원고 측 변호인의 말처럼 마그나 카르타가 잊혀졌다가 17세기 잉글랜드 내전기에 에드워드 코크에 의해 재발견된 것만은 아니라는 사실입니다. 13세기 내내 여섯 차례에 걸쳐 국왕이 이 문서를 확인했다는 것은, 마그나 카르타가 그만큼 영향력을 지녔음을 보여 줍니다.

김딴지 변호사 　피고 측 변호인도 인정했다시피 이 문서는 원래 귀족과 성직자의 권리 보호를 위한 것이었어요. 여섯 차례 확인했다는 것은 국왕과 귀족, 봉건 제후 사이의 권리 확인에 지나지 않았어요. 마그나 카르타가 그렇게 중요한 영향력을 지녔다면 왜 셰익스피어의 희곡 작품에는 마그나 카르타가 등장하지 않을까요? 전혀 중요한 문서로 인식되지 않았기 때문입니다.

이대로 변호사 원고 측 변호인은 역사를 문자적으로 해석하다 보니 한 문서가 지니는 역사적 중요성을 간과하고 있습니다. 에드워드 코크의 재해석은 실제로 잉글랜드 내전기를 거치면서 권리 청원, 권리 장전 등의 제정에 상당한 영향을 주었고, 의회 정치의 기틀이 되었습니다. 또한 마그나 카르타가 귀족만이 아니라 모든 개인의 자유를 보호하기 위한 것이라는 그의 해석은 큰 의미를 지니고 있습니다. 에드워드 코크 자신이 이 마그나 카르타를 보완하기 위하여 1628년에 권리 청원을 **기초**했지요. 그는 잉글랜드에서 절대적인 것은 국왕이 아니라 성문법이라고 주장했습니다. 이러한 주장은 마그나 카르타의 정신과 **일맥상통**합니다.

김딴지 변호사 저는 역사의 재해석 자체를 부정하지 않습니다. 문제는, 사람들이 점차로 마그나 카르타에 모든 것이 들어 있다고 여기고 신화화하는 것이지요. 예를 들어 보겠습니다. 39조의 '동료의 합법적 재판에 의하지 않는 한'이라는 부분을 후대의 법률가들은 **배심 제도**를 보증하는 것으로 해석했습니다. 하지만 1215년 6월에 '동료의 합법적 재판'이라는 것은 사회적으로 동등한 계급의 사람들로 구성된 법정에서 재판을 받아야 한다는 의미였어요. 실제로 배심 제도는 인노켄티우스 3세가 소집한 제4차 라테란 공의회(1215)에서 도

기초
글의 초안을 잡는다는 뜻이에요.

일맥상통
사고방식, 상태, 성질 따위가 서로 통하거나 비슷해짐을 말합니다.

배심 제도
재판 제도의 하나로, 법률 전문가가 아닌 일반 국민 가운데서 선출된 배심원으로 구성된 배심에서 기소나 심판을 하는 제도를 말합니다.

입된 제도입니다. 그런데 사람들은 배심제가 마그나 카르타에서 비롯되었다고 잘못 믿고 있는 거지요.

이대로 변호사 　저는 원고 측 변호인의 차가운 역사 인식에 동의할 수 없습니다. 사람들이 왜 마그나 카르타를 숭고하게 여기겠습니까? 마그나 카르타가 모든 인류의 권리와 자유를 보증하는 문서의 상징과도 같기 때문입니다. 미국 수정 헌법 제5조의 "누구도 법 절차에 의하지 않고 생명, 자유, 재산을 박탈당하지 않는다"는 조항은 마그나 카르타 39조에서 따온 것입니다. 이 문서는 단순히 잉글랜드의 유산일 뿐 아니라 보편적 자유와 권리를 갈구하는 모든 인류의 유산입니다.

판사 양측이 마그나 카르타와 원고를 둘러싼 공방에서 충분히 입장을 표현했다고 판단됩니다. 시간도 많이 흘렀으니 이제 정리하지요. 잠시 휴정한 뒤 원고와 피고의 최후 진술을 듣고 재판을 마치겠습니다.

진짜 마그나 카르타는 무엇일까?

1215년에 '마그나 카르타' 사본이 몇 부나 제작되었는지는 모르지만, 현재는 4부가 남아 있습니다. 링컨 대성당과 솔즈베리 대성당에 한 부씩, 나머지 두 부는 영국 왕립 도서관에 800년 가까이 변하지 않은 채 고스란히 보존되어 있습니다.

1215년에 마그나 카르타가 처음 발행되었고, 1217년 가을에 루이가 잉글랜드 왕위 찬탈을 포기하고 프랑스로 돌아가고 나서 마그나 카르타가 좀 더 수정되어 재발행되었어요. 이때 삼림법을 다루는 추가 헌장이 함께 발행되었지요. 삼림 헌장은 매우 짧았기 때문에, 중요한 장을 '대헌장'이라는 의미의 마그나 카르타로 불렀습니다. 1225년에는 왕에게 과세권을 부여한 것에 대한 답례로 헌장을 한 번 더 발행했어요. 법령집에 들어가 이후 역사에서 마그나 카르타라는 이름을 얻게 된 문서는 러니미드 헌장이 아니라 바로 이 1225년 발행본입니다.

그렇다면 왜 존 왕의 1215년 헌장이 마그나 카르타라고 불릴까요? 1225년 마그나 카르타 조항의 대부분이 수정되었든 되지 않았든 존 왕의 헌장에서 유래했기 때문입니다. 1215년 헌장이 잉글랜드의 자유권의 원천은 아니며 실제로 그 전에도 헌장들이 존재했지만, 1215년 헌장은 국왕의 의무를 상당히 세세하게 적어 둔 최초의 것이란 점에서 의미가 있습니다. 마그나 카르타의 중요성은 많은 부분 그 세부 사항에 있었으며, 그것은 1216년과 1217년 헌장을 거쳐 1225년에 최종 형태에 이르렀던 것입니다.

다알지 기자

드디어 원고 존 왕과 피고 스티븐 랭턴의 재판이 모두 끝났습니다. 오늘은 마그나 카르타 제정 이후의 상황과 마그나 카르타에 대한 역사적 평가가 쟁점이 되었는데요. 원고 측에서는 마그나 카르타를 국왕이 지킬 수 없는 과도한 요구를 한 귀족들의 탐욕의 산물이라고 평가 절하했지요. 그리고 당대의 상황에서 보면 마그나 카르타는 중세가 만들어 낸 국가와 귀족 간의 수많은 문서들 중 하나일 뿐이라고 주장했습니다. 반면 피고 측은 마그나 카르타가 지닌 역사적 의미를 부각시키는 데 힘썼습니다. 역시 오늘도 첨예한 접전이었는데요, 변호인단을 만나 보도록 하겠습니다.

김딴지 변호사

　　시원섭섭합니다. 존 왕이 이 소송을 시작했던 건 뭔가 큰 것을 얻기 위해서가 아니었습니다. 어느 때부터인가 역사에서 자신에게 쏟아지는 과도한 비난과 오명을 조금이라도 벗어내고 싶어서였지요. 참으로 어려운 재판 과정이었습니다. 하지만 오늘 재판에서 마그나 카르타를 1215년 당시의 상황 속에서 이해하는 것이 얼마나 중요한지 주장할 수 있어서 다행이었다고 생각합니다. 오늘의 시각에서 재구성하고 재해석한 마그나 카르타를 기준으로 삼을 경우 자칫 역사 왜곡으로 이어질 수 있기 때문이지요. 이는 존 왕에 대한 역사의 몰이해와 연결된다는 점에서 간단한 문제가 아닙니다. 이 점을 판사님과 배심원들께서 정확하게 판단해 주셨으면 합니다.

이대로 변호사

　재판을 진행하면서 제 자신이 새로운 사실을 많이 배웠습니다. 원고 측이 주장하는 바와 같이 마그나 카르타에 대한 오늘날의 칭송이 과연 어느 정도 타당한 것인가 스스로 되물어 보는 시간이 되기도 했고요. 그럼에도 불구하고 저는 역사에서 마그나 카르타가 지니는 의미를 축소하는 것에는 동의하지 않습니다. 사람들은 역사에서 의미를 추구합니다. 마그나 카르타는 모든 인류의 권리와 자유를 대변하는 문서예요. 마그나 카르타의 역사적 위치는 오늘의 시각에서 새롭게 해석될 수 있다고 믿습니다. 그러므로 마그나 카르타의 가치가 지나치게 높이 평가됨으로써 존 왕의 명예가 더욱 훼손되었다고 하는 주장에는 동의할 수 없습니다.

마그나 카르타는 반란의 산물일 뿐이오
VS
마그나 카르타는 역사의 전환을 가져온 진정한 자유의 대헌장이오

판사 마지막으로 원고와 피고의 최후 진술을 듣겠습니다. 마지막 발언이니만큼 신중하게 진술해 주시기 바랍니다. 먼저 원고가 진술하세요.

존 왕 존경하는 판사님, 그리고 배심원 여러분, 저는 이 자리에 참으로 감개무량한 마음으로 섰습니다. 제가 그동안 겪어야 했던 비통함을 이 자리를 빌려 다소나마 해소할 수 있게 되어 기쁘게 생각합니다.

지금껏 사람들은 존 왕이라는 존재를 13세기 유럽이라는 시대 속에서 보기보다는 후대에서 정해 놓은 시각으로 봤습니다. 마그나 카르타가 정당화되기 위해서는 제 자신이 역사 속에서 더할 수 없는 악인으로 그려져야 했지요. 그 때문에 저는 종종 제 형 리처드와 말도 되지 않는 비교를 당해야 했습니다. 리처드 역시 아버지에 대항하여 반란을 일으켰습니다. 그는 잉글랜드 통치 기간 거의 내내 십자군 원정에 참여했던 호전적인 인물이지요. 아는 사람은 알지만, 홀로코스트라고 기록된 유대인 대학살이 처음 일어난 것도 바로 제형 리처드가 즉위한 때였습니다. 그럼에도 불구하고 사람들은 형을 사자심왕 리처드, 용맹한 왕이라고 추켜세웁니다. 저는 형이 십자군 원정에 국고를 쏟아부어 빈털터리가 된 나라를 일으키고자 애썼습니다.

프랑스 내의 땅을 잃어버린 것은 실책일 뿐이지, 그 일을 들어 저를 폭군으로 매도하는 것은 지나칩니다. 저에 대해 사사건건 반대한 귀족과 로마의 끄나풀이 된 주교들 때문에 잉글랜드는 어려움을 겪어야 했습니다. 마그나 카르타는 이들 귀족과 성직자들의 반란의 산물입니다. 이러한 마그나 카르타를 신성시하고 저를 인류의 공공의 적으로 매도하는 것은 공평하지 않은 처사입니다. 영웅의 모습이 실제 이상으로 왜곡되어 사람들에게 칭송받을 수 있는 것과 마찬가지로, 제 모습이 실제 이상으로 악마화되었을 수 있다는 사실을 왜 외면합니까? 반란의 와중에 탄생한 마그나 카르타를 그렇게 높이 칭송한다면, 대체 성공한 쿠데타는 처벌 불가하다는 논리와 다를 바가 무엇입니까?

역사에서 제가 범한 잘못이라면, 이기적인 귀족과 주교들의 반란을 제압하지 못한 것뿐입니다. 제가 훌륭한 왕이었다고 주장하는 것은 아닙니다. 다만 왕권을 강화하여 잉글랜드를 강력하게 발전시키고자 했던 제 노력이 합당한 평가를 받기를 원합니다. 존경하는 판사님과 배심원 여러분의 현명한 판단을 기대합니다.

판사　원고의 최후 진술을 잘 들었습니다. 이번에는 피고가 최후 진술을 해 주세요.

스티븐 랭턴　존경하는 판사님, 그리고 배심원 여러분, 저는 오직 진실만을 드러내고자 이 자리에 섰습니다. 어떤 분은 제가 귀족과 한편이 되어 잉글랜드의 국왕을 무력화시켰다고 생각하지만, 실제로 저는 국왕과 잉글랜드 귀족 사이를 중재하려고 갖은 노력을 기울였습니다. 그런데도 명예 훼손의 피고가 되어 이 자리에 섰으니 참담할 뿐입니다.

저는 잉글랜드 국왕의 충신으로서 잉글랜드의 번영을 위해 노력을 아끼지 않았습니다. 하지만 유감스럽게도 제가 모시던 존 왕은 잉글랜드의 군주다운 모습을 보여 주지 않았지요. 존 왕은 대관식에서 신과 교회를 위해 평화, 명예, 위엄을 지키고 왕국 내의 모든 사람들을 공평과 정의로 다스리고 법을 지키겠다는 맹세를 했습니다. 하지만 존 왕은 맹세와 달리 자신의 입지를 강화하기 위해 귀족과 백성들을 착취하였습니다. 결국 아무도 자기편에 서지 않자 용병을 고용하여 자신의 백성들을 살육하기까지 했지요.

우리는 왕을 죽일 수도 있었지만 그렇게 하지 않았습니다. 우리의 목표는 왕을 제거해서 문제를 해결하는 것이 아니라, 왕이 적절한 법 아래 있도록 제도적 장치를 마련하고자 한 것입니다. 이는 존 왕이 죽은 후 그 아들을 잉글랜드 국왕으로 세운 것을 보아도 알 수 있습니다. 우리는 존 왕의 주장처럼 마그나 카르타가 반란의 산물이라는 것을 부정하지 않습니다. 하지만 완강하게 버티는 국왕에 맞서는 최후의 방법은 반란이었고, 봉건법상 반란은 사실상 합법적 수단이었습니다. 더불어 마그나 카르타가 지향하는 자유의 권리는 후대에도 그 정신을 인정받고 있습니다.

그러한 점에서 명예 훼손을 당했다고 주장하는 존 왕의 고소는 기각되어야 한다고 생각합니다. 판사님과 배심원 여러분의 현명한 판단을 기대합니다.

판사   두 분의 최후 진술을 잘 들었습니다. 지금까지 재판에 함께하신 배심원 여러분, 원고와 피고, 원고 측 변호인과 피고 측 변호인, 여러 증인들, 그리고 방청객과 기자 분들 모두 수고 많으셨습니다. 배심원단의 의견은 4주 후에 전달될 예정입니다. 배심원 여러분의 의견을 참고하여 판결을 내리도록 하겠습니다. 그때까지 여러분도 이 사건에 대해 각자 판결을 내려 보시기 바랍니다. 이것으로 재판을 마치겠습니다.

땅, 땅, 땅!

역사공화국 세계사법정 재판 번호 24 존 왕 VS 스티븐 랭턴

주문

　역사공화국 세계사법정은 잉글랜드의 존 왕이 캔터베리 대주교 스티븐 랭턴을 상대로 제기한 명예 훼손에 대한 손해 배상 청구를 기각한다.

판결 이유

　원고는 마그나 카르타가 귀족들의 반란이라는 강압적인 상황 속에서 합의된 문서로 효력이 없으며, 이로 인해 원고의 명예가 크게 훼손되었다고 주장한다. 하지만 재판에 나온 증거와 증언, 변론을 종합해 보았을 때 피고를 비롯한 귀족과 성직자들은 과도한 세금과 군역으로 백성들을 압제하는 원고에 대항하는 최후의 수단으로 반란을 벌인 것으로 판단된다. 또한 귀족의 반란으로 인해 얻게 되는 전체적 이득이 원고가 국왕으로서 과세권에 제한을 받는 것보다 중요성이 크다고 판단되는 만큼, 마그나 카르타는 반란의 산물이자 교황 인노켄티우스 3세조차 불법적 문서로 결정했기에 무효라고 주장하는 원고의 주장은 설득력이 없다고 할 수 있다. 또한 잉글랜드 왕으로서 잉글랜드의 자치와 번영을 위해 애썼다고 주장한 원고의 주장은, 실제로 프랑스 내

의 모든 영지를 상실했고 심지어 교황에게 굴복해 잉글랜드를 바치기까지 한 점으로 미루어 그 진정성을 무조건 신뢰하기 어렵다고 본다.

원고의 주장대로 당시 원고가 취한 행동들은 당시의 사회적 정황 속에서 어느 정도 이해되며, 마그나 카르타를 칭송하면 할수록 그 문서에 합의한 피고의 명성은 점점 더 훼손된다는 점 또한 인정된다. 그러나 이 역시 마그나 카르타의 제정으로 인류가 취하게 된 이득을 고려할 때 원고 개인의 명예가 심대하게 훼손되었다고 판단할 수 없다.

비록 본 법정에서 원고의 고소를 기각하였으나, 마그나 카르타의 제정에 이른 과정이 모두 원고의 허물 탓이라고 보는 것은 공평하지 않다. 이는 모든 공로는 영웅에게 돌리고 잘못된 점은 모두 악인에게 책임을 묻는 영웅주의 사관에 지나지 않기 때문이다.

이 사건의 쟁점은 원고와 피고 모두 역사적 사건을 어떻게 해석하고 평가할 것인가에 있었다. 이에 본 법정은 원고에게 자기 입장만 주장하기보다 상대방 입장을 고려해 볼 것을 권한다. 본 법정은 마그나 카르타와 원고에 대한 현재의 역사적 해석과 판단에 반박할 현저한 증거 및 주장이 제시되었다고 보기 어렵기 때문에 현재 마그나 카르타의 역사적 진실성을 지지한다. 그러나 피고 측도 마그나 카르타에 과도한 의미를 부여하기보다는 역사 앞에서 겸손한 자세를 가질 것을 권한다.

역사공화국 세계사법정 담당 판사 명판결

"역사는 승자의 기록일 뿐인가?"

이번 재판은 김딴지 변호사에게 여러 모로 힘들었다. 원고인 존 왕이 워낙 논란의 여지 없이 '사악한 왕'으로 역사에 낙인찍혀 있었기 때문이다. 그래서 뭔가 새로운 주장을 내세워도 존 왕의 악명 앞에 쉽사리 묻혀 버렸다. 만나 보니 존 왕은 역시 사람을 믿지 않는 사람이었다. 재판이 자기 뜻대로 흘러가지 않으니까 얼마나 언짢아하던지.

역사를 보면 존 왕은 노르망디에서 패배한 후 병사들을 전장에 버려 두고 혼자 도망쳤다. 아버지를 배반해 반란을 일으켰고, 형이 포로로 잡히자 죽었다고 속이고 스스로 왕이라고 선포했다. 조카가 왕위에 위협이 되자 항복한 조카를 살해해 버렸고, 또 다른 조카는 40년 동안이나 지하 감옥에 가두었다. 자신을 지지하지 않는 귀족의 충성을 이끌어 내기 위해 그 자식을 인질로 잡아 두고 죽이기까지 했다. 그러나 그 당시 이 정도의 악행을 저지른 사람이 원고 한 사람 뿐일까?

하지만 국왕과 귀족 사이의 갈등은 원고 이전부터 팽배해 있었다. 특히 토지세에 관한 갈등은 해묵은 것이었다. 이런 국왕과 귀족 사이의 일련의 세력 다툼 끝에 나온 게 마그나 카르타인데, 그 제정에 대한 책임을 모두 존 왕에게 돌리는 것은 가혹한 일이 아닌가?

또한 중세 서유럽에서 그와 유사한 일들이 많았는데, 왜 하필 이 문서만 역사에서 그토록 독보적인 지위를 차지하게 된 것일까? 이는 후대의 역사적 평가에 따른 것으로, 미국에서 이 작업이 정교하게 이루어져 이제 사람들은 무의식적으로 자유와 마그나 카르타를 동일시하게 되었다.

이런저런 생각에 빠진 김딴지 변호사. 그는 존 왕에 대해 어떤 연민 같은 것을 느끼고 있었다. 역사 속에서 개인의 역할은 어디까지인 걸까? 결국 존 왕의 일도 거대한 역사의 흐름 속의 한 면에 불과한데 왜 역사는 '존의 무능함', '존의 사악함', '존의 배신'이라 하며 모든 책임을 한 사람에게 몰아가는 것일까? 과연 이것이 정당한 평가인가? 존 왕의 고민대로 역사는 승자의 기록일 뿐인가? 그렇다면 마그나 카르타는 과도한 평가를 받고 있는 게 아닌가?

김딴지 변호사는 마그나 카르타가 한참 잊혀졌다가 17세기 이후 잉글랜드와 미국에서 재발견되고 재평가되었다는 사실에 약간의 불편함을 느꼈다. 의도적인 역사 만들기에 다름 아니지 않은가!

왜 존 왕은 마그나 카르타를 승인했을까?

이번 존 왕 사건은 역사 해석에 대한 여러 견해를 떠올리게 했다. 랑케처럼 모든 편견과 선입관을 배제하고 당시의 사건 그대로 역사를 재구성한다면 마그나 카르타는 아마도 오늘날처럼 높이 평가받지 못할 것이다. 반면에 역사를 과거와 현재의 끊임없는 대화라고 표현한 에드워드 카 편에서 보자면 마그나 카르타의 정신이 재해석되어 높이 평가되는 것 또한 정당한 역사의 평가이리라.

결국 존 왕과 마그나 카르타를 둘러싼 논쟁도 역사의식으로 귀결된다면, 중요한 것은 무엇이겠는가? 어떤 역사적 판단을 내림에 있어 당시의 정황과 함께 다양한 시각을 접하는 것이 우선되어야 한다는 것이다.

김딴지 변호사는 자신의 변론 역사에 또 다른 패배의 기록을 쌓았지만 그 기록이 무의미하지 않다는 것을 알고 있다. 그렇기에 그는 또다시 이런 재판을 맡을 것이다. 사람들이 마그나 카르타가 제정된 역사적 정황을 인식하고 새로운 시각을 가지게 된다면 자신의 패배는 충분히 의미가 있다는 믿음이 김딴지 변호사에게는 있었다.

근대적 의회 제도를 전파시킨 영국

영국 국기

유럽 대륙 서북쪽에 있는 섬나라로, 그레이트브리튼 섬(잉글랜드, 스코틀랜드, 웨일스)과 아일랜드 섬 북쪽의 북아일랜드로 이루어져 있습니다. 정식 명칭은 그레이트브리튼 및 북아일랜드 연합 왕국(United Kingdom of Great Britain and Northern Ireland)으로, 공용어로 영어를 사용하지요. 국토 면적은 약 24만 4820제곱킬로미터, 한반도의 1.1배 정도의 크기입니다.

영국은 근대적 의회 제도나 의원 내각제를 전 세계로 전파시킨 나라이자, 산업 혁명의 발원지이기도 합니다. 한때 영국의 식민지가 전 세계 곳곳에 있다고 해서 '해가 지지 않는 나라'로 불리기도 했지요. 두 차례의 세계 대전을 치르면서 많은 식민지들이 독립했지만, 아직도 식민지였던 국가들과 여러 형태로 관계를 맺고 있어요. 그런 만큼 전 세계적으로 많은 영향을 미치고 있는 나라이기도 하지요. 경제적인 부분에서도 그 영향력을 무시할 수 없답니다.

또한 마그나 카르타에서 시작해 권리 청원, 권리 장전으로 이어지는 권리 선언으로 영국의 입헌제는 더욱 탄탄해졌고, 지금도 그러해요. 영국에는 상징적인 의미의 국왕이 있고, 수상이 실질적인 정치를 집행

합니다. 수상은 물론 상원 의원과 하원 의원의 의견을 모아야 하지요.

긴 역사를 가진 나라답게, 영국에는 오래되고 독특한 건축물도 많이 있어요. 그중에서도 타워브리지로 알려진 런던 브리지가 대표적이지요. 런던 브리지를 처음 세운 것은 로마 인이지만, 무너져서 색슨 족이 세우고, 이것을 다시 세우고 개축한 것이 지금의 다리랍니다. 가운데 통로가 열리면 배가 지나다닐 수 있는 것이 특징이에요. 이외에도 성곽 모양의 국회 의사당, '빅 벤'으로 불리는 시계탑, 독특한 모양의 세인트 브라이즈 성당 등이 잘 알려져 있어요. 또 많은 고대 유물이 전시되어 있는 영국 박물관, 왕정의 사무실과 주거지로 쓰이는 버킹엄 궁전은 영국이 자랑하는 명소들입니다.

런던에 있는 잉글랜드 은행

원래 이름은 웨스트민스터 궁으로, 16세기부터 국회 의사당으로 사용되었습니다.

『역사공화국 세계사법정 24 왜 존 왕은 마그나 카르타를 승인했을
까?』와 관련한 논술 문제를 풀어 봅시다.

※ 다음 제시 글과 그림을 보고 물음에 답하시오.

존 왕의 무덤

1189년 리처드가 즉위하자 존은 모턴 백작이 되었고, 아일랜드 영
주의 지위를 승인받게 된다. 이후 십자군 전쟁으로 리처드가 원정을
떠날 당시 리처드에게는 왕위를 상속해 줄 자식이 없었다. 리처드가
없는 사이 아우인 존이 왕위를 노릴 것임을 알고 있었지만, 형인 제
프리가 떠나며 남긴 아들 아서도 세 살에 불과해서 딱히 좋은 방법
이 없었다. 그래서 다음과 같은 말을 남기고 십자군 원정을 떠나게
된다.

"나는 나의 조카인 아서를 후계자로 정하노라. 존, 너는 내가 잉글랜

드를 비운 동안 프랑스에 머물면서 잉글랜드 땅에 발을 들여놓지 마라. 이는 왕명이다. 나의 명은 롱챔프를 통해 시행될 것이다."

그러나 존은 리처드의 대리 격인 대법관 윌리엄 롱챔프를 퇴진시켜 버리고 왕의 자리로 한 걸음 다가섰다. 1193년 1월 리처드가 십자군 원정에서 돌아오는 길에 포로가 되자, 존은 왕이 될 수 있는 절호의 기회를 잡았다고 생각했다. 하지만 리처드는 돌아왔고 존은 잉글랜드로 추방되는 신세가 되고 말았다.

몇 년 뒤인 1199년 4월 리처드가 죽자 조카인 아서를 보호하고 있던 필리프에게 땅을 주기로 하는 등, 귀족들과 상의도 없이 프랑스 내 잉글랜드 소유지를 서슴없이 내놓는 일을 자행하게 된다.

1. 이 글은 영국의 존 왕이 어떻게 왕이 될 수 있었는지 그 과정에 대한 내용입니다. 이 글을 보고 존 왕을 비판하는 입장과 옹호하는 입장 중 하나를 골라 글을 써 보시오.

※ 다음 제시문을 읽고 물음에 답하시오.

(가) 오래된 관습상 인정되어 온 것(관례로 굳어진 것) 외의 과세 혹은 봉건 지원금은 귀족들의 자문을 거치지 않으면 부과할 수 없다. 다만 왕이 인질이 되었을 때의 협상금, 왕의 아들이 기사가 될 때 필요한 비용, 왕의 장녀가 시집을 갈 때 필요한 비용 등은 예외로 한다.

—마그나 카르타 제12조

(나) 대귀족은 동료 귀족에 의해서만 처벌될 수 있다. 그러나 큰 죄목(반역죄 등)일 경우로만 제한한다.

—마그나 카르타 제21조

(다) 자유민은 동등한 신분을 가진 자에 의한 합법적 재판 혹은 국법에 의하지 않고서는 체포, 감금, 추방, 재산의 몰수 또는 어떠한 방식의 고통도 받지 않는다.

—마그나 카르타 제39조

존 왕이 마그나 카르타에 승인하는 모습

왜 존 왕은 마그나 카르타를 승인했을까?

2. (가)~(다)는 마그나 카르타에 관한 내용입니다. (가)~(다)를 읽고 마그나 카르타 즉 대헌장의 의의에 대해 써 보시오.

해답 1 이 글을 보면 존 왕이 왕좌에 오르기 위해 호시탐탐 기회를 엿보고 왕의 자리를 탐했음을 알 수 있습니다. 왕이 되기 위해서 친형이 포로로 잡힌 일도 달갑게 받아들였을 정도니까요. 그래서 조카에게 왕위를 넘겨주지 않기 위해 프랑스 왕과 협정을 맺기까지 합니다. 뿐만 아니라 자국의 땅까지 넘겨주지요.

하지만 존 왕의 이런 행동이 비난만 받아서는 안 되리라 생각합니다. 왜냐하면 존 왕이 살았던 12~13세기는 지금과 매우 달랐기 때문입니다. 왕의 자리를 놓고 형제 간이라도 서로 칼을 겨누는 것은 물론, 내가 다른 사람을 공격하지 않으면 내가 공격을 당하는 일이 비일비재했기 때문이지요. 따라서 존 왕의 행동도 이러한 역사적 맥락에서 이해해야만 할 것입니다.

해답 2 (가)는 귀족들의 권한과 관계된 조항이고, (나) 역시 마찬가지입니다. (다)는 자유민에 대한 조항으로 마그나 카르타의 여러 조항 중 하나입니다. 마그나 카르타에는 크게 "교회는 어떤 경우라도 자유로워야 한다"는 것을 비롯하여, (가)~(다)처럼 왕실로부터 봉토를 받은 봉신들이 갖는 법적 권리 등에 관한 정의와 역할 등이 적혀 있지요.

　이 대헌장에서 특히 주목할 부분은 헌장의 마지막 부분으로, 왕이 이 헌장을 지킬 것을 약속하는 도장을 찍고 만약 왕이 위반할 경우 25인 귀족 대자문회가 왕을 제재할 권한을 갖는다는 것입니다. 왕의 권한을 대폭 줄이는 장치였지요.

* 해답은 예시로 제시된 내용입니다.

왜 존 왕은 마그나 카르타를 승인했을까?

역사공화국 세계사법정 24

왜 존 왕은 마그나 카르타를 승인했을까?

© 최종원, 2012

초판 1쇄 발행일 2012년 9월 17일
초판 5쇄 발행일 2023년 11월 10일

지은이   최종원
그린이   남기영
펴낸이   정은영

펴낸곳   (주)자음과모음
출판등록   2001년 11월 28일 제2001-000259호
주소   10881 경기도 파주시 회동길 325-20
전화   편집부 (02) 324-2347 경영지원부 (02) 325-6047
팩스   편집부 (02) 324-2348 경영지원부 (02) 2648-1311
이메일   jamoteen@jamobook.com

ISBN 978-89-544-2424-0 (44900)

수학자가 들려주는 수학 이야기 (전 88권)

국내 최초 아이들 눈높이에 맞춘 88권짜리 이야기 수학 시리즈! 수학자라는 거인의 어깨 위에서 보다 멀리, 보다 넓게 바라보는 수학의 세계!

수학은 모든 과학의 기본 언어이면서도 수학을 마주하면 어렵다는 생각이 들고 복잡한 공식을 보면 머리까지 지끈지끈 아파온다. 사회적으로 수학의 중요성이 점점 강조되고 있는 시점이지만 수학만을 단독으로, 세부적으로 다룬 시리즈는 그동안 없었다. 그러나 사회에 적응하려면 반드시 깨우쳐야만 하는 수학을 좀 더 재미있고 부담 없이 배울 수 있도록 기획된 도서가 바로 〈수학자가 들려주는 수학 이야기〉 시리즈이다.

★ 무조건적인 공식 암기, 단순한 계산은 이제 가라!★

- 〈수학자가 들려주는 수학이야기〉는 수학자들이 자신들의 수학 이론과, 그에 대한 역사적인 배경, 재미있는 에피소드 등을 전해 준다.
- 교실 안에서뿐만 아니라 교실 밖에서도, 배우고 체험할 수 있는 생활 속 수학을 발견할 수 있다.
- 책 속에서 위대한 수학자들을 직접 만나면서, 수학자와 수학 이론을 좀 더 가깝고 친근하게 느낄 수 있다.